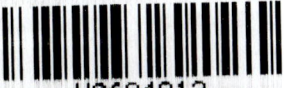

全椒古代典籍叢書

吴敬梓集

5

（清）吴敬梓 撰

政協全椒縣委員會 編
國家圖書館出版社

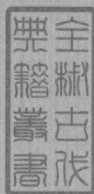

第五册目録

（清）吴敬梓 撰

儒林外史五十六回

（第五十三至五十六回）

清嘉慶八年（1803）卧閑草堂刻本

儒林外史第五十三回

國公府雪夜留賓　來賓樓燈花驚夢

話說南京這十二樓前門在武定橋後門在東花園鈔庫街的南首就是長板橋自從太祖皇帝定天下把那元朝功臣之後都沒入樂籍有一個教坊司管着他們也有衙役執事一般也坐堂打人只是那王孫公子們來他却不敢和他起坐只許垂手相見每到春三二月天氣那些姊妹們都勻脂抹粉站在前門花柳之下彼

此邀伴頑耍又有一個盒子會邀集多人治餚極精巧的時樣飲饌都要一家賽過一家那有幾分顏色的也不肯胡亂接人又有那一宗老幫閑專到這些人家來替他燒香擦爐安排花盆揩抹櫈椅教琴棋書畫那些妓女們相與的孤老多了却也要幾個名士來往覺得破破俗那來賓樓有個雛兒叫做聘娘他公公在臨春班做正旦小時也是極有名頭的後來長了鬍子做不得生意却娶了一个老婆只望替他接

接氣那曉的又胖又黑自從娶了他鬼也不上門來後來沒奈何立了一个兒子替他討了一个童養媳婦長到十六歲却出落得十分人才自此孤老就走破了門檻那娉娘雖是个門戶人家心裡最喜歡相與官他母舅金修義就是金次福的兒子常時帶兩个大老官到他家來走走那日來對他說明日有一个貴人要到你這里來玩玩他是國公府內徐九公子的表兄這人姓陳排行第四人都叫他是陳四老爺我

昨日在國公府裡做戲那陳四老爺向我說他着實聞你的名要來看你你將來相與了他就可結交徐九公子可不是好聘娘聽了也着實歡喜金修義吃完茶去了次日金修義回覆陳四老爺去那陳四老爺是太平府人寓在東水關董家河房金修義到了寓處門口兩个長隨穿着一身簇新的衣服傳了進去陳四老爺出來頭帶方巾身穿玉色緞直裰裡邊襯着狐狸皮襖脚下粉底皂靴白淨面皮約有二十八九

歲見了金修義問道你昨日可曾替我說信去
我幾時好去走走修義道小的昨日去說了他
那裡專候老爺降臨陳四老爺道我就和你一
路去罷說着又進去換了一套新衣服出來叫
那兩个長隨叫轎夫伺候只見一个小小厮進
來拏着一封書陳四老爺認得他是徐九公子
家的書童接過書字拆開來看上寫着積雪初
霽瞻園紅梅次第將放望表兄文駕過我園爐
作竟日談萬勿推卻至囑至囑上木南表兄先

生徐詠頓首陳木南看了向金修義道我此時要到國公府裡去你明日再來罷金修義去了陳木南隨即上了轎兩个長隨跟着來到大功坊轎子落在國公府門口長隨傳了進去半日裡邊道有請陳木南下了轎走進大門過了銀鑾殿從旁邊進去徐九公子立在瞻園門口迎着叫聲四哥怎麽穿這些衣服陳木南看徐九公子時烏帽珥貂身穿織金雲緞夾衣腰繫絲縧脚下朱履兩人拉着手只見那園裡高高低

低都是太湖石堆的玲瓏山子山子上的雪還不曾融盡徐九公子讓陳木南沿着欄干曲曲折折來到亭子上那亭子是園中最高處望着那園中幾百樹梅花都微微含着紅萼徐九公子道近來南京的天氣暖的這樣早不消到十月盡這梅花都已大放可觀了陳木南道表弟府裏不比外邊這亭子雖然如此軒敞却不見一點寒氣襲人唐詩說的好無人知道外邊寒不到此地那知古人措語之妙說着擺上酒來

都是銀打的盆子用架子架着底下一層貯了燒酒用火點着醱騰騰的暖着那裡邊的肴饌却無一點烟火氣兩人吃着徐九公子道近來的器皿都要翻出新樣却不知古人是怎樣的制度想來倒不如而今精巧陳木南道可惜我來遲了一步那一年虞博士在國子監時遲衡山請他到泰伯祠主祭用的都是古禮古樂那些祭品的器皿都是訪古購求的我若那時在南京一定也去與祭也就可以見古人的制度

了徐九公子道十幾年來我常在京却不知道家鄉有這幾位賢人君子竟不曾會他們一面也是一件缺陷事吃了一會陳木南身上暖烘烘十分煩躁起來脫去了一件衣服管家忙接了摺好放在衣架上徐九公子道聞的向日有一位天長杜先生在這莫愁湖大會梨園子弟那時却也還有幾个有名的脚色而今怎麼這些做生旦的却要一个看得的也沒有難道此時天也不生那等樣的脚色陳木南道論起這

件事却也是杜先生作俑自古婦人無貴賤任憑他是青樓婢妾到得收他做了側室後來生出兒子做了官就可算的母以子貴那些做戲的憑他怎麽樣到底算是个賤役自從杜先生一番品題之後這些縉紳士大夫家筵席間定要幾个梨園中人雜坐衣冠隊中說長道短這个成何體統看起來那杜先生也不得辭其過徐九公子道也是那些暴發戶人家若是我家他怎敢大胆說了一會陳木南又覺的身上煩

熱忙脫去一件衣服管家接了去陳木南道尊府雖比外面不同怎麼如此太暖徐九公子道四哥你不見亭子外面一丈之外雪所不到這亭子却是先國公在時造的全是白銅鑄成內中燒了煤火所以這般溫暖外邊怎麼有這樣所在陳木南聽了才知道這个原故兩人又飲一會天氣昏暗了那幾百樹梅花上都懸了羊角燈磊磊落落點將起來就如千點明珠高下照耀越掩映着那梅花枝幹橫斜可愛酒罷捧

上茶來吃了陳木南告辭回寓過了一日陳木南寫了一个札字叫長隨拿到國公府向徐九公子借了二百兩銀子買了許多緞疋做了幾套衣服長隨跟着到聘娘家來做進見禮到了來賓樓門口一隻小猱獅狗叫了兩聲裡邊那个黑胖虔婆出來迎接看見陳木南人物體面慌忙說道請姐夫到裡邊坐陳木南走了進去兩間臥房上面小小一个粧樓安排着花瓶爐几十分清雅聘娘先和一个人在那裏下圍棋

見了陳木南來慌忙亂了局來陪說道不知老爺到來多有得罪虔婆道這就是太平陳四老爺你常時念着他的詩要會他的四老爺才從國公府裡來的陳木南道兩套不堪的衣裳媽媽休嫌輕慢虔婆道說那里話姐夫請也請不至陳木南因問這一位尊姓聘娘接過來道這是北門橋鄒泰來太爺是我們南京的國手就是我的師父陳木南道久仰鄒泰來道這就是陳四老爺一向知道是徐九老爺姑表弟兄是

一位貴人今日也肯到這裡來真个是聘娘的福氣了聘娘道老爺一定也是高手何不同我師父下一盤我自從跟着鄒師父學了兩年還不曾得着他一着兩着的竅里虔婆道姐夫且同鄒師父下一盤我下去備酒來陳木南道怎好就請教的聘娘道這个何妨我們鄒師父是極喜歡下的就把棋枰上棋子揀做兩處請他兩人坐下鄒泰來道我和四老爺自然是對下陳木南道先生是國手我如何下的過只好讓

幾子請教罷聘娘坐在傍邊不由分說替他排了七个黑子鄒泰來道如何擺得這些眞个是要我出醜了陳木南道我知先生是不空下的而今下个彩罷取出一錠銀子交聘娘拿着聘娘又在傍邊偪着鄒泰來動着鄒泰來勉強下了幾子陳木南起首還不覺的到了半盤四處受敵待要吃他幾子又被他占了外勢待要不吃他的自己又不得活及至後來雖然贏了他兩子確費盡了氣力鄒泰來道四老爺下的高

和聘娘真是个對手聘娘道鄒師父是從來不給人贏的今日一般也輸了陳木南道鄒先生方纔分明是讓我那里下的過還要添兩子再請教一盤鄒泰來因是有彩又曉的他是屎棊也不怕他惱擺起九个子足足贏了三十多着陳木南肚裡氣得生疼拉着他只管下了去一直讓到十三共總還是下不過因說道先生的棊寔是高還要讓幾个纔好鄒泰來道盤上再沒有个擺法了却是怎麼樣好聘娘道我們而

今另有个頑法鄒師父頭一着不許你動隨便拈着丟在那里就算這叫个懸天降福鄒泰來笑道這成个甚麽欵那有這个道理陳木南又偪着他下只得叫聘娘拿一个白子混丟在盤上接着下了去這一盤鄒泰來却殺死四五塊陳木南正在暗歡喜又被他生出一个刦來打个不清陳木南又要輸了聘娘手裏抱了烏雲覆雪的猫望上一撲那棋就亂了兩人大笑站起身來恰好虔婆來說酒席齊備擺上酒來聘

娘高擎翠袖將頭一杯奉了陳四老爺第二杯就要奉師父師父不敢當自己接了酒彼此放在桌上虔婆也走來坐在橫頭候四老爺乾了頭一杯虔婆自己也奉一杯酒說道四老爺是在國公府裡吃過好酒好肴的到我們門戶人家那裡吃得慣聘娘道你看儂媽也韶刀了難道四老爺家沒有好的吃定要到國公府裡才吃着好的虔婆笑道姑娘說的是又是我的不是了且罰我一杯當下自己斟着吃了一大杯

陳木南笑道酒菜也是一樣虔婆道四老爺想我老身在南京也活了五十多歲每日聽見人說國公府裡我却不會進去過不知怎樣像天宫一般哩我聽見說國公府裡不點蠟燭鄒泰來道這媽媽講獃話國公府不點蠟燭倒點油燈虔婆伸過一隻手來道鄒大爺榧子兒你嗒嗒他府裡不點蠟燭倒點油燈他家那些娘娘們房裡一个人一个斗大的夜明珠掛在梁上照的一屋都亮所以不點蠟燭四老爺這話可

是有的麽陳木南道珠子雖然有也未必拿了做蠟燭我那表嫂是个和氣不過的人這事也容易將來我帶了聘娘進去看看我那表嫂你老人家就裝一个跟隨的人拿了衣服包也就進去看看他的房子了虔婆合掌道阿彌陀佛眼見希奇物勝作一世人我成日裡燒香念佛保佑得這一尊天貴星到我家來帶我到天宮裡走走老身來世也得人身不變驢馬鄒泰來道當初太祖皇帝帶了王媽媽季巴巴到皇宮

裡去他們認做古廟你明日到國公府裡去只怕也要認做古廟哩一齊大笑虔婆又吃了兩杯酒醉了涎着醉眼說道他府裡那些娘娘不知怎樣像畫兒上畫的美人老爺若是把聘娘帶了去就比下來了聘娘瞅他一眼道人生在世上只要生的好那在乎貴賤難道做官的有錢的女人都是好看的我舊年在石觀音庵燒香遇着國公府裡十幾乘轎子下來一个个團頭團臉的也沒有甚麼出奇虔婆道又是我說

的不是姑娘說的是再罰我一大杯當下虔婆
前後共吃了幾大杯吃的乜乜斜斜東倒西歪
收了傢伙叫撈毛的打燈籠送鄒泰來家去請
四老爺進房歇息陳木南下樓來進了房裡聞
見噴鼻香窗子前花梨桌上安着鏡臺墻上懸
着一幅陳眉公的畫壁桌上供着一尊玉觀音
兩邊放着八張水磨楠木椅子中間一張羅甸
床掛着大紅紬帳子床上被褥足有三尺多高
枕頭邊放着薰籠床面前一架幾十個香櫞結

成一个流蘇房中間放着一个大銅火盆燒着通紅的炭頓着銅銚燠着雨水聘娘用纖手在錫餅內撮出銀針茶來安放在宜興壺裡冲了水遞與四老爺和他並肩而坐叫了頭出去取水來聘娘拿大紅汗巾搭在四老爺磕膝上問道四老爺你既同國公府裏是親戚你幾時才做官陳木南道這話我不告訴別人怎肯瞞你我大表兄在京裡已是把我荐了再過一年我就可以得个知府的前程你若有心于我我將

來和你媽說了拿幾百兩銀子贖了你同到任
上去聘娘聽了他這話拉着手倒在他懷裡說
道這話是你今晚說的燈光菩薩聽着你若是
丟了我再娶了別的妖精我這觀音菩薩最靈
驗我只把他背過臉來朝了墻叫你同別人睡
假着枕頭就頭疼爬起來就不頭疼我是好人
家兒女也不是貪圖你做官就是愛你的人物
你不要辜負了我這一點心丫頭推開門拿湯
桶送水進來聘娘慌忙站開開了抽屜拿出一

包檀香屑倒在脚盆裡倒上水請四老爺洗坐脚正洗着只見又是一个了頭打了燈籠一班四五个少年姊妹都戴着貂鼠煖耳穿着銀鼠灰鼠衣服進來嘻嘻笑笑兩邊椅子坐下說道聘娘今日接了貴人盒子會明日在你家做分子是你一个人出聘娘道這个自然姊妹們笑頑了一會去了聘娘解衣上床陳木南見他豊若有肌柔若無骨十分歡洽朦朧睡去忽又驚醒見燈花炸了一下回頭看四老爺時已經睡

熟聽那更鼓時三更半了聘娘將手理一理被頭替四老爺蓋好也便合着睡去睡了一時只聽得門外鑼響聘娘心裡疑惑這三更半夜那里有鑼到我門上來看看鑼聲更近房門外一个人道請太太上任聘娘只得披繡襖倒靸弓鞋走出房門外只見四个管家婆娘齊雙雙跪下說道陳四老爺已經陞授杭州府正堂了特着奴婢們來請太太到任同享榮華聘娘聽了忙走到房裡梳了頭穿了衣服那婢子又送了

鳳冠霞帔穿帶起來出到廳前一乘大轎聘娘上了轎擡出大門只見前面鑼句旂句傘句吹手句夜役句一隊隊擺着又聽的說先要擡到國公府裡去正走得興頭路旁邊走過一个黃臉禿頭師姑來一把從轎子裡揪着聘娘罵那些人道這是我的徒弟你們擡他到那里去聘娘說道我是杭州府的官太太你這禿師姑怎敢來揪我正要叫夜役鎖他舉眼一看那些人都不見了急得大叫一聲一交撞在四老爺懷

裡醒了原來是南柯一夢只因這一番有分教
風流公子忽爲閨嶠之遊窈窕佳人竟作禪關
之客畢竟後事如何且聽下回分解

儒林外史第五十三回

儒林外史第五十四回

病佳人青樓算命　呆名士妓館獻詩

話說聘娘同四老爺睡着夢見到杭州府的任驚醒轉來窗子外已是天亮了起來梳洗陳木南也就起來虔婆進房來問了姐夫的好吃過點心恰好金修義來鬧着要陳四老爺的喜酒陳木南道我今日就要到國公府裏去明日再來爲你的情罷金修義走到房裏看見聘娘手挽着頭髮還不曾梳完那烏雲髮鬢半截垂在

地下說道恭喜聘娘接了這樣一位貴人你看着恁般時候尚不曾定當可不是越發嬌嬾了因問陳四老爺明日甚麽時候纔來等我吹笛子叫聘娘唱一隻曲子與老爺聽他的李太白清平三調是十六樓沒有一个賽得過他的說着聘娘又拏汗巾替四老爺拂了頭巾囑咐道你今晚務必來不要哄我老等着陳木南應諾了出了門帶着兩个長隨回到下處思量沒有錢用又寫一个札子叫長隨拏到國公府裡向

徐九公子再借二百兩銀子湊着好用長隨去
了半天回來說道九老爺拜上爺府裡的三老
爺方從京裡到選了福建漳州府正堂就在這
兩日內要起身上任去九老爺也要同到福建
任所料理事務說銀子等明日來辭行自帶來
陳木南道既是三老爺到了我去候他隨坐了
轎子帶着長隨來到府裡傳進去管家出來回
道三老爺九老爺都到沐府裡赴席去了四爺
有話說留下罷陳木南道我也無甚話是來特

侯三老爺的陳木南回到寓處過了一日三公子同九公子來河房里辭行門口下了轎子陳木南迎進河廳坐下三公子道老弟許久不見風采一發倜儻姑母去世愚表兄遠在都門不曾親自弔唁幾年來學問更加淵博了陳木南道先母辭世三載有餘弟因想念九表弟文字相好所以來到南京朝夕請教今表兄榮任閩中賢昆玉同去愚表弟倒覺失所了九公子道表兄若不見棄何不同到漳州長途之中到覺

得頗不寂寞陳木南道原也要和表兄同行因在此地還有一兩件小事俟兩三月之後再到表兄任上來罷九公子隨叫家人取一个拜匣盛着二百兩銀子送與陳木南收下三公子道專等老弟到敝署走走我那裡還有事要相煩帮襯陳木南道一定來効勞的說着吃完了茶兩人告辭起身陳木南送到門外又隨坐轎子到府裡去送行一直送他兩人到了船上才辭別回來那金修義已經坐在下處扯他來到來

賓樓進了大門走到卧房只見聘娘臉兒黃黃的金修義道幾日不見四老爺來心口疼的病又發了虔婆在旁道自小兒嬌養慣了是有這一个心口疼的病但凡着了氣惱就要發他因四老爺兩日不曾來只道是那些憎嫌他就發了聘娘看見陳木南含着一雙淚眼總不則聲陳木南道你到底是那里疼痛要怎樣才得好往日發了這病却是甚麼樣醫虔婆道往日發了這病茶水也不能嚥一口醫生來撮了葯他

又怕苦不肯吃只好頓了人參湯慢慢給他吃
着才保全不得傷大事陳木南道我這裡有銀
子且拏五十兩放在你這里換了人參來用着
再揀好的換了我自已帶來給你那聘娘聽了
這話挨着身子靠着那綉枕一團兒坐在被窩
裡胸前圍着一个紅抹胸嘆了一口氣說道我
這病一發了不曉得怎的就這樣心慌那些先
生們說是单吃人參又會助了虛火往常總是
合着黃連煨些湯吃夜裡睡着才得合眼要是

不吃就只好是眼睁睁的一夜醒到天亮陳木南道這也容易我明日換些黃連來給你就是了金修義道四老爺在國公府裡人參黃連論秤稱也不值甚麽聘娘那裡用的了聘娘道我不知怎的心裡慌慌的合着眼就做出許多胡枝扯葉的夢清天白日的還有些害怕金修義道總是你身子生的虛弱經不得勞碌着不得氣惱虔婆道莫不是你傷着甚麽神道替你請个足僧來禳解禳解罷正說着門外敲的手磬

子晌虔婆出來看原來是延壽菴的師姑本慧來收月米虔婆道呵呀是本老爺兩个月不見你來了這些時菴裡做佛事忙本師姑道不瞞你老人家說今年運氣低把一个二十歲的大徒弟前月死掉了連觀音會都沒有做的成你家的相公娘好虔婆道也常時三好兩歹的虧的太平府陳四老爺照顧他他是國公府裡徐九老爺的表兄常時到我家來偏生的聘娘沒造化心口疼的病發了你而今進去看看本師

姑一同走進房裡虔婆道這便是國公府裡陳
四老爺本師姑上前打了一个問訊金修義道
四老爺這是我們這裡的本師父極有道行的
本師姑見過四老爺走到床面前來看相公娘
金修義道方才說要禳解何不就請本師父禳
解禳解本師姑道我不會禳解我來看看相公
娘的氣色罷便走了來一屁股坐到床沿上睄
娘本來是認得他的今日擡頭一看却見他黃
着臉秃着頭就和前日夢裡揪他的師姑一模

一樣不覺就懊惱起來只叫得一聲多嘴便把
被蒙着頭睡下本師姑道相公娘心裡不耐煩
我且去罷向衆人打个問訊出了房門虔婆將
月米遞給他他左手拿着磬子右手拿着口袋
去了陳木南也隨卽同到寓所拿銀子叫長隨
趕着去換人參換黃連只見主人家董老太拄
着拐杖出來說道四相公你身子又結結實實
的只管換這些人參黃連做甚麼我聽見這些
時在外頭憨頑我是你的房主人又這樣年老

四相公我不好說的自古道船載的金銀填不滿烟花債他們這樣人家是甚麽有良心的把銀子用完他就屁股也不朝你了我今年七十多歲看經念佛觀音菩薩聽着我怎肯眼睜睜的看着你上當不說陳木南道老太說的是我都知道了這人參黄連是國公府裡托我換的因怕董老太韶刀便說道恐怕他們換的不好還是我自己去走了出來到人參店裡尋着了長隨換了半斤人參半斤黄連和銀子就像捧

寶的一般捧到來賓樓來才進了來賓樓門聽見裏面彈的三弦子响是虔婆叫了一个瞎子來替姑娘算命陳木南把人參黄連遞與虔婆坐下聽算命那瞎子道姑娘今年十七歲大運交庚寅寅與亥合合着時上的貴人該有个貴人星坐命就是四正有些不利弔動了一个計都星在裡面作擾有些啾唧不安却不得大事莫怪我直談姑娘命裡犯一个華蓋星却要記一个佛名應破了才好將來從一个貴人還

有戴鳳冠霞帔有太太之分嗶說完橫着三絃彈着又唱一回起身要去虔婆留吃茶捧出一盤雲片糕一盤粟子來放个小桌子與他坐着了頭鬬茶遞與他吃着陳木南問道南京城裡你們這生意也還好麼瞎子道說不得比不得上年了上年都是我們沒眼的算命這些年睜眼的人都來算命把我們擠壞了就是這南京城二十年前有个陳和甫他是外路人自從一進了城這些大老官家的命都是他攔攔着

算了去而今死了積作的个兒子在我家那間壁招親日日同丈人吵鬧了吵的隣家都不得安身眼見得我今日回家又要聽他吵了說罷起身道過多謝去了一直走了回來到東花園一个小巷子裡果然又聽見陳和甫的兒子和丈人吵丈人道你每日在外測字也還尋得幾十文錢只買了猪頭肉飄湯燒餅自已搗嗓子一个錢也不拏了來家難道你的老婆要我替你養着這个還說是我的女兒也罷了你賒了

猪頭肉的錢不還也來問我要終日吵鬧這事
那里來的晦氣陳和甫的兒子道老爹假使這
猪頭肉是你老人家自己吃了你也要還錢丈
人道胡說我若吃了我自然還這都是你吃的
陳和甫兒子道設或我這錢已經還過老爹老
爹用了而今也要還人丈人道放屁你是該人
的錢怎是我用你的陳和甫兒子道萬一猪不
生這个頭難道他也來問我要錢丈人見他十
分胡說拾了个叉子棍趕着他打瞎子摸了過

來扯勸丈人氣的顫呵呵的道先生這樣不成人我說說他他還拿這些混帳話來答應我豈不可恨陳和甫兒子道老爹我也沒有甚麼混帳處我又不吃酒又不賭錢又不嫖老婆每日在測字的桌子上還拏着一本詩念有甚麼混帳處丈人道不是別的混帳你放着一个老婆不養只是累我我那里累得起陳和甫兒子道老爹你不喜女兒給我做老婆你退了回去罷了丈人罵道該死的畜生我女兒退了做甚麼

事哩陳和甫兒子道聽憑老爹再嫁一个女婿罷了丈人大怒道瘟奴除非是你死了或是做了和尚這事纔行得陳和甫兒子道死是一時死不來我明日就做和尚去丈人氣憤憤的道你明日就做和尚嘈子聽了半天聽他兩人說的都是堂屋裡掛草薦不是話也就不扯勸慢慢的摸着回去了次早陳和甫的兒子剃光了頭把瓦楞帽賣掉了換了一頂和尚帽子戴着來到丈人面前合掌打个問訊道老爹貧僧

日告別了丈人見了大驚雙雙掉下淚來又着實數說了他一頓知道事已無可如何只得叫他寫了一張紙自己帶着女兒養活去了陳和尚自此以後無妻一身輕有肉萬事足每日測字的錢就買肉吃吃飽了就坐在文德橋頭測字的桌子上念詩十分自在又過了半年那一日正拏着一本書在那裡看遇着他一个同夥的測字丁言志來看他見他看這本書因問道你這書是幾時買的陳和尚道我才買來三四

天丁言志道這是鶯脰湖唱和的詩當年胡三公子約了趙雪齋景蘭江楊執中先生匡超人馬純上一班大名士大會鶯脰湖分韻作詩我還切記得趙雪齋先生是分的八齊你看這起句湖如鶯脰夕陽低只消這一句便將題目點出以下就句句貼切移不到別處宴會的題目上去了陳和尚道這話要來問我才是你那里知道當年鶯脰湖大會也並不是胡三公子做主人是婁中堂家的三公子四公子那時我家

先父就和婁氏弟兄是一人之交彼時大會鶯脰湖先父一位楊執中先生權勿用先生牛布衣先生蘧駪夫先生張鉄臂兩位主人還有楊先生的令郎共是九位這是我先父親口說的我到不曉得你那里知道丁言志道依你這話難道趙雪齋先生景蘭江先生的詩都是別人假做的了你想想你可做得來陳和尚道你這話尤其不通他們趙雪齋這些詩是在西湖上做的並不是鶯脰湖那一會丁言志道他分明

是說湖如鶯脰怎麼說不是鶯脰湖大會陳和尚道這一本詩也是彙集了許多名士合刻的就如這个馬純上生平也不會作詩那裡忽然又跳出他一首丁言志道你說的都是些夢話馬純上先生蘧駪夫先生做了不知多少詩你何嘗見過陳和尚道我不曾見過到是你見過你可知道鶯脰湖那一會並不曾有人做詩你不知那裡耳朶響還來同我嘈吵丁言志道我不信那裡有這些大名士聚會竟不做詩的這

等看起來你尊翁也未必在鶯脰湖會過若會
過的人也是一位大名士了恐怕你也未必是
他的令郎陳和尚惱了道你這話胡說天下那
裡有个冒認父親的丁言志道陳思阮你自已
做兩句詩罷了何必定要冒認做陳和甫先生
的兒子陳和尚大怒道丁詩你幾年桃子幾年
人跳起來通共念熟了幾首趙雪齋的詩鑿鑿
的就呻着嘴來講名士丁言志跳起身來道我
就不該講名士你到底也不是一个名士兩个

人說餓了揪着領子一頓亂打和尚的光頭被他鑿了幾下鑿的生疼拉到橋頂上和尚眊着眼要拉到他跳河被丁言志摜了一交骨碌碌就滚到橋底下去了和尚在地下急的大嚷大叫正叫着遇見陳木南踱了來看見和尚仰巴叉睡在地下不成模樣慌忙拉起來道這是怎的和尚認得陳木南指着橋上說道你看這丁言志無知無識的走來說是鶯脰湖的大會是胡三公子的主人我替他講明白了他還要死

強並且說我是冒認先父的兒子你說可有這个道理陳木南道這个是甚麼要緊的事你兩个人也這樣鬼吵其寔丁言老也不該說思老是冒認父親這却是言老的不是丁言志道四先生你不曉得我難道不知道他是陳和甫先生的兒子只是他擺出一副名士臉來太難看陳木南笑道你們自家人何必如此要是陳思老就會擺名士臉當年那盧博士莊徵君怎樣過日子呢我和你兩位吃杯茶和和事下回不

必再吵了當下拉到橋頭間壁一个小茶館裡
坐下吃着茶陳和尚道聽見四先生令表兄要
接你同到福建去怎樣還不見動身陳木南道
我正是爲此來尋你測字幾時可以走得丁言
志道先生那些測字的話是我們籤火七占逼
的你要動身揀个日子走就是了何必測字陳
和尚道四先生你半年前我們要會你一面也
不得能勾我出家的第二日有一首薙髮的詩
送到你下處請教那房主人董老太說你又到

外頭頑去了你却一向在那里今日怎官家也不帶自己在這裡閒撞陳木南道因這來賓樓的聘娘愛我的詩做的好我常在他那裡丁言志道青樓中的人也曉得愛才這就雅極了向陳和尚道你看他不過是个巾幗還曉得看詩怎有个鶯脰湖大會不作詩的呢陳木南道恩老的話到不差那婁玉亭便是我的世伯他當日最相好的是楊執中權勿用他們都不以詩名陳和尚道我聽得權勿用先生後來犯出一

件事來不知怎麽樣結局陳木南道那也是他學裡幾個秀才誣賴他的後來這件官事也昭雪了又說了一會陳和尚同丁言志別過去了陳木南交了茶錢自已走到來賓樓一進了門虔婆正在那裡同一个賣花的穿桂花球見了陳木南道四老爺請坐下罷了陳木南道我僂上去看看聘娘虔婆道他今日不在家到輕烟樓做盒子會去了陳木南道我今日來和他辭辭行就要到福建去虔婆道四老爺就要起身

將來可還要回來的說着了頭捧一杯茶來陳木南接在手裡不大熱吃了一口就不吃了虔婆看了道怎麼茶也不肯泡一壺好的丟了桂花球就走到門房裡去罵烏龜陳木南看見他不瞅不睬只得自己又踱了出來走不得幾步頂頭遇着一个人叫道陳四爺你還要信行些才好怎叫我們只管跑陳木南道你開着偌大的人參舖那在乎這幾十兩銀子我少不得料理了送來給你那人道你那兩个尊管而今也

不見面走到尊寓只有那房主人董老太出來回他一个堂客家我怎好同他七个八个的陳木南道你不要慌躲得和尚躲不得寺我自然有个料理你明日到我寓處來那人道明早是必留下不要又要我們跑腿說過就去了陳木南回到下處心裡想道這事不尷尬長隨又走了虔婆家又走不進他的門銀子又用的精光還剩了一屁股兩肋巴的債不如捲捲行李往福建去罷瞞着董老太一溜煙走了次日那賣

人參的清早上走到他寓所來坐了半日連鬼也不見一个那門外推的門响又走進一个人來搖着白紙詩扇文縐縐的那賣人參的起來問道尊姓那人道我就是丁言志來送新詩請教陳四先生的賣人參的道我也是來尋他的又坐了半天不見人出來那賣人參的就把屏門拍了幾下董老太拄着拐杖出來問道你們尋那个的賣人參的道我來找陳四爺要銀子董老太道他麼此時好到觀音門了那賣人參

的大驚道這等可曾把銀子留在老太處董老
太道你還說這話連我的房錢都騙了他自從
來賓樓張家的妖精纏昏了頭那一處不脫空
背着一身的債還希罕你這幾兩銀子賣人參
的聽了啞叭夢見媽說不出的苦急的暴跳如
雷丁言志勸道尊駕也不必急急也不中用只
好請回陳四先生是个讀書人也未必就騙你
將來他回來少不得還哩那人跳了一回無可
奈何只得去了丁言志也搖着扇子晃了出來

自心裡想道堂客也會看詩那十六樓不曾到過何不把這幾兩測字積下的銀子也去到那裡頑頑主意已定回家帶了一卷詩換了幾件半新不舊的衣服戴一頂方巾到來賓樓來烏龜看見他像个獃子問他來做甚麽丁言志道我來同你家姑娘談談詩烏龜道既然如此且秤下箱錢烏龜拿着黃杆戥子丁言志在腰裏摸出一个包子來散散碎碎共有二兩四錢五分頭烏龜道還差五錢五分丁言志道會了姑

娘再找你罷丁言志自巳上得樓來看見聘娘在那里打棋譜上前作了一个大揖聘娘覺得好笑請他坐下問他來做甚麼丁言志道久仰姑娘最喜看詩我有些拙作特來請教聘娘道我們本院的規矩詩句是不白看的先要拏出花錢來再看丁言志在腰裡摸了半天摸出二十个銅錢來放在花梨桌上聘娘大笑道你這个錢只好送給儀徵豐家巷的撈毛的不要玷污了我的桌子快些收了回去買燒餅吃罷丁

言志羞得臉上一紅二白低着頭捲了詩摺在懷裡悄悄的下樓回家去了虔婆聽見他囘着獃子要了花錢走上樓來問聘娘道你剛才向獃子要了幾兩銀子的花錢拿來我要買緞子去聘娘道那獃子那裡有銀子拿出二十銅錢來我那裡有手接他的被我笑的他回去了虔婆道你是甚麼巧主兒囘着獃子還不問他要一大注子肯白白放了他回去你往常嫖客給的花錢何常分一个半个給我聘娘道我替你

家尋了這些錢還有甚麼不是些小事就來尋事我將來從了良不怕不做太太你放這樣獃子上我的樓來我不說你罷了你還要來嘴喳喳虔婆大怒走上前來一个嘴巴把娉娘打倒在地娉娘打滚撒了頭髮哭道我貪圖些甚麼受這些折磨你家有銀子不愁弄不得一个人來放我一條生路去罷不由分說向虔婆大哭大罵要尋刀刎頸要尋繩子上弔鬏都滚掉了虔婆也慌了叫了老烏龜上來再三勸解總是

不肯依閙的要死要活無可奈何由着他拜做延壽菴本慧的徒弟剃光了頭出家去了只因這一番有分教風流雲散賢豪才色總成空薪盡火傳工匠市廛都有韻士畢竟後事如何且聽下回分解

儒林外史

儒林外史第五十五回

添四客述往思來　彈一曲高山流水

話說萬歷二十三年那南京的名士都已漸漸銷磨盡了此時虞博士那一輩人也有老了的也有死了的也有四散去了的也有閉門不問世事的花壇酒社都沒有那些才俊之人禮樂文章也不見那些賢人講究論出處不過得手的就是才能失意的就是愚拙論豪俠不過有餘的就會奢華不足的就見蕭索憑你有李杜

的文章顏曾的品行却是也沒有一个人來問你所以那些大戶人家冠昏喪祭鄉紳堂裏坐着幾个席頭無非講的是些陞遷調降的官場就是那貧賤儒生又不過做的是些揣合逢迎的官校那知市井中間又出了幾个奇人一个是會寫字的這人姓季名遐年自小兒無家無業總在這些寺院裏安身見和尚傳板上堂吃齋他便也捧着一个鉢站在那里隨堂吃飯和尚也不厭他他的字寫的最好却又不肯學古

人的法帖只是自已創出來的格調由着筆性寫了去但凡人要請他寫字時他三日前就要齋戒一日第二日磨一天的墨却又不許別人替磨就是寫个十四字的對聯也要用墨半碗用的筆都是那人家用壞了不要的他纔用到寫字的時候要三四个人替他拂着紙他纔寫一些拂的不好他就要罵要打却是要等他情願他纔高興他若不情願時任你王侯將相大捧的銀子送他他正眼兒也不看他又不修邊

幅穿着一件稀爛的直裰靸着一雙破不過的蒲鞋每日寫了字得了人家的筆資自家吃了飯剩下的錢就不要了隨便不相識的窮人就送了他那日大雪裡走到一个朋友家他那一雙稀爛的蒲鞋踹了他一書房的滋泥主人曉得他的性子不好心裡嫌他不好說出只得問道季先生的尊履壞了可好買雙換換季遐年道我沒有錢那主人道你肯寫一副字送我我買鞋送你了季遐年道我難道沒有鞋要你的

主人厭他腌臢自己走了進去拏出一雙鞋來道你先生且請畧換換恐怕脚底下冷季遐年惱了並不作別就走出大門嚷道你家甚麼要緊的地方我這雙鞋就不可以坐在你家我坐在你家還要算擡舉你我都希罕你的鞋穿一直走回天界寺氣哺哺的又隨堂吃了一頓飯吃完看見和尚房裡擺着一匣子上好的香墨季遐年問道你這墨可要寫字和尚道這昨日施御史的令孫老爺送我的我還要留着轉送

別位施主老爺不要寫字季遐年道寫一副好哩不由分說走到自己房裡拏出一个大墨盪子來揀出一定墨舀些水坐在禪床上替他磨將起來和尚分明曉得他的性子故意的激他寫他在那裡磨墨正磨的興頭侍者進來向老和尚說道下浮橋的施老爺來了和尚迎了出去那施御史的孫子已走進禪堂來看見季遐年彼此也不爲禮自同和尚到那邊敘寒溫季遐年磨完了墨拏出一張紙來鋪在桌上叫四

个小和尚替他按着他取了一管敗筆蘸飽了墨把紙相了一會一氣就寫了一行那右手後邊小和尚動了一下他就一鑿把小和尚鑿矮了半截鑿的殺喳的叫老和尚聽見慌忙來看他還在那里急的嚷成一片老和尚勸他不要惱替小和尚按着紙讓他寫完了施御史的孫子也來看了一會向和尚作別去了次日施家一个小廝走到天界寺來看見季遐年問道有个寫字的姓季的可在這裡季遐年道問他怎

的小厮道我家老爺叫他明日去寫字季遐年聽了也不回他說道罷了他今日不在家我明日叫他來就是了次日走到下浮橋施家門口要進去門上人攔住道你是甚麼人混往裏邊跑季遐年道我是來寫字的那小厮從門房裡走出來看見道原來就是你你也會寫字帶他走到廠廳上小厮進去回了施御史的孫子剛在走出屏風季遐年迎着臉大罵道你是何等之人敢來叫我寫字我又不貪你的錢又不慕

你的勢又不借你的光你敢叫我寫起字來一頓大嚷大叫把施鄉紳罵的閉口無言低着頭進去了那季遐年又罵了一會依舊回到天界寺裡去了又一个是賣火紙筒子的這人姓王名太他祖代是三牌樓賣菜的到他父親手裡窮了把菜園都賣掉了他自小兒最喜下圍棋後來父親死了他無以爲生每日到虎踞關一帶賣火紙筒過活那一日妙意庵做會那庵臨着烏龍潭正是初夏的天氣一潭簇新的荷葉

亭亭浮在水上這菴裡曲曲折折也有許多亭榭那些遊人都進來頑耍王太走將進來各處轉了一會走到柳陰樹下一个石臺兩邊四條石凳三四个大老官簇擁着兩个人在那裡下棋一个穿寶藍的道我們這位馬先生前日在揚州鹽臺那裡下的是一百一十兩的彩他前後共贏了二千多銀子一个穿玉色的少年道我們這馬先生是天下的大國手只有這卞先生受兩子還可以敵得來只是我們要學到卞

先生的地步也就着實費力了王太就挨着身子上前去偷看小厮們看見他穿的襤褸推推搡搡不許他上前底下坐的主人道你這樣一个人也曉得看棋王太道我也畧曉得些撐着看了一會嘻嘻的笑那姓馬的道你這人會笑難道下得過我們王太道也勉强將就主人道你是何等之人好同馬先生下棋姓卞的道他旣大胆就叫他出个醜何妨才曉得我們老爺們下棋不是他插得嘴的王太也不推辭擺起

子來就請那姓馬的動着旁邊人都覺得好笑那姓馬的同他下了幾着覺的他出手不同下了半盤站起身來道我這棋輸了半子了那些人都不曉得姓卞的道論這局面却是馬先生畧負了些衆人大驚就要拉着王太吃酒王太大笑道天下那裡還有个快活似殺矢棋的事我殺過矢棋心裡快活極了那裡還吃的下酒說畢哈哈大笑頭也不回就去了一个是開茶舘的這人姓蓋名寛本來是个開當舖的人他

二十多歲的時候家裡有錢開着當鋪又有田
地又有洲場那親戚本家都是些有錢的他嫌
這些人俗氣每日坐在書房裡做詩看書又喜
歡畫幾筆畫後來畫的畫好也就有許多做詩
畫的來同他往來雖然詩也做的不如他好畫
也畫的不如他好他却愛才如命遇着這些人
來留着吃酒吃飯說也有笑也有這些人家裡
有冠婚喪祭的緊急事沒有銀子來向他說他
從不推辭幾百幾十拏與人用那些當鋪裡的

小官看見主人這般舉動都說他有些獃氣在當鋪裡儘着做弊本錢漸漸消折了田地又接連幾年都被水淹要賠種賠糧就有那些混帳人來勸他變賣買田的人嫌田地收成薄分明值一千的只好出五六百兩他沒奈何只得賣了賣來的銀子又不會生發只得放在家裡秤着用能用得幾時又沒有了只靠着洲塲利錢還人不想夥計沒良心在柴院子裡放火命運不好接連失了幾回火把院子裡的幾萬柴盡

行燒了那柴燒的一塊一塊的結成就和太湖石一般光怪陸離那些夥計把這東西搬來給他看他看見好頑就留在家裡家裡人說這是倒運的東西留不得他也不肯信留在書房裡頑夥計見沒有洲場也辭出去了又過了半年日食艱難把大房子賣了搬在一所小房子住又過了半年妻子死了開喪出殯把小房子又賣了可憐這蓋寬帶着一个兒了一个女兒在一个僻淨巷內尋了兩間房子開茶館把那房

子裡面一間與兒子女兒住外一間擺了幾張茶桌子後簷支了一个茶爐子右邊安了一副櫃臺後面放了兩口水缸滿貯了雨水他老人家淸早起來自已生了火搧着了把水倒在爐子裡放着依舊坐在櫃臺裡看着詩畫櫃臺上放着一个瓶插着些時新花朶瓶旁邊放着許多古書他家各樣的東西都變賣盡了只有這幾本心愛的古書是不肯賣的人來坐着吃茶他丟了書就來拿茶壺茶杯茶館的利錢有限

一壺茶只賺得一个錢每日只賣得五六十壺茶只賺得五六十个錢除去柴米還做得甚麼事那日正坐在櫃臺裡一个隣居老爹過來同他談閑話那老爹見他十月裡還穿着夏布衣裳問道你老人家而今也算十分艱難了從前有多少人受過你老人家的惠而今都不到你這裡來走走你老人家這些親戚本家事體總還是好的你何不去向他們商議商議借个大大的本錢做些大生意過日子蓋寬道老爹世

情看冷暖人面逐高低當初我有錢的時候身上穿的也體面跟的小廝也齊整和這些親戚本家在一塊還搭配的上而今我這般光景走到他們家去他就不嫌我我自己也覺得可厭至于老爹說有受過我的惠的那都是窮人那裡還有得還還出來他而今又到有錢的地方去了那裡還肯到我這裡來我若去尋他空惹他們的氣有何趣味隣居見他說的苦惱因說道老爹你這个茶館裡冷清清的料想今日也沒

甚人來了趁着好天氣和你到南門外頑頑去
蓋寬道頑頑最好只是沒有東道怎處鄰居道
我帶个幾分銀子的小東吃个素飯罷蓋寬道
又擾你老人家說着呼了他的小兒子出來看
着店他便同那老爹一路步出南門來教門店
裡兩个人吃了五分銀子的素飯那老爹會了
賬打發小菜錢一經踱進報恩寺裡大殿南廊
三藏禪林大鍋都看了一回又到門口買了一
包糖到寶塔背後一个茶館裡吃茶鄰居老爹

道而今時世不同報恩寺的遊人也少了連這糖也不如二十年前買的多蓋寬道你老人家七十多歲年紀不知見過多少事而今不比當年了像我也會畫兩筆畫要在當時虞博士那一班名士在那裡愁沒碗飯吃不想而今就艱難到這步田地那鄰居道你不說我也忘了這雨花臺左近有个泰伯祠是當年句容一个遲先生蓋造的那年請了虞老爺來上祭好不熱鬧我才二十多歲擠了來看把帽子都被人擠

掉了而今可憐那祠也沒有照顧房子都倒掉
了我們吃完了茶同你到那裡看看說着又吃
了一賣牛首豆腐干交了茶錢走出來從岡子
上踱到雨花臺左首望見泰伯祠的大殿屋山
頭倒了半邊來到門前五六个小孩子在那裡
踢球兩扇大門倒了一扇睡在地下兩人走進
去三四个鄉間的老婦人在那丹墀裡挑薺菜
大殿上槅子都沒了又到後邊五間樓直桶桶
的樓板都沒有一片兩个人前後走了一交盞

覽歎息道這樣名勝的所在而今破敗至此就沒有一个人來修理多少有錢的拏着整千的銀子去起蓋僧房道院那一个肯來修理聖賢的祠宇鄰居老爹道當年遲先生買了多少的傢伙都是古老樣範的收在這樓底下幾張大櫃裡而今連櫃也不見了蓋寬道這些古事提起來令人傷感我們不如回去罷兩人慢慢走了出來鄰居老爹道我們順便上雨花臺絕頂望着隔江的山色嵐翠鮮明那江中來往的船

隻帆檣歷歷可數那一輪紅日沉沉的傍着山頭下去了兩个人緩緩的下了山進城回去蓋寬依舊賣了半年的茶次年三月間有个人家出了八兩銀子束修請他到家裡教館去了一个是做裁縫的這人姓荆名元五十多歲在三山街開着一个裁縫舖每日替人家做了生活餘下來工夫就彈琴寫字也極喜歡做詩朋友們和他相與的問他道你既要做雅人爲甚麽還要做你這貴行何不同些學校裡人相與相

與他道我也不是要做雅人也只爲性情相近故此時常學學至于我們這个賤行是祖父遺留下來的難道讀書識字做了裁縫就玷污了不成况且那些學校中的朋友他們另有一番見識怎肯和我們相與而今每日尋得六七分銀子吃飽了飯要彈琴要寫字諸事都由得我又不貪圖人的富貴又不伺候人的顏色天不收地不管倒不快活朋友們聽了他這一番話也就不和他親熱一日荆元吃過了飯思量沒

事一經踱到清涼山來這清涼山是城西極幽靜的所在他有一个老朋友姓于住在山背後那于老者也不讀書也不做生意養了五个兒子最長的四十多歲小兒子也有二十多歲老者督率着他五个兒子灌園那園却有二三百畝大中間空隙之地種了許多花卉堆着幾塊石頭老者就在那旁邊蓋了幾間茅草房手植的幾樹梧桐長到三四十圍大老者看看兒子灌了園也就到茅齋生起火來煨好了茶吃着

看那園中的新綠這日荆元步了進來于老者迎着道好些時不見老哥來生意忙的緊荆元道正是今日才打發清楚些特來看看老爹于老者道恰好烹了一壺現成茶請用杯斟了送過來荆元接了坐着吃道這茶色香味都好老爹却是那里取來的這樣好水于老者道我們城西不比你城南到處井泉都是吃得的荆元道古人動說桃源避世我想起來那裡要甚麼桃源只如老爹這樣清閒自在住在這樣城市

山林的所在就是現在的活神仙了于老者道只是我老拙一樣事也不會做怎的如老哥會彈一曲琴也覺得消遣些近來想是一發彈的好了可好幾時請教一回荊元道這也容易老爹不厭污耳明日我把琴來請教說了一會辭別回來次日荊元自己抱了琴來到園裡于老者已焚下一爐好香在那裡等候彼此見了又說了幾句話于老者替荊元把琴安放在石櫈上荊元席地坐下于老者也坐在旁邊荊元慢

慢的和了弦彈起來鏗鏗鏘鏘聲振林木那些鳥雀聞之都栖息枝間竊聽彈了一會忽作變徵之音淒清宛轉于老者聽到深微之處不覺悽然淚下自此他兩人常常往來當下也就別過了看官難道自今以後就沒一個賢人君子可以入得儒林外史的麼但是他不曾在朝廷這一番旌揚之列我也就不說了畢竟怎的旌揚且聽下回分解

儒林外史第五十六回

神宗帝下詔旌賢　劉尙書奉旨承祭

話說萬歷四十三年天下承平已久天子整年不與羣臣接見各省水旱偏災流民載道督撫雖然題了進去不知那龍目可曾觀看忽一日內閣下了一道上諭科裏鈔出來上寫道萬歷四十三年五月二十四日內閣奉上諭朕即阼以來四十餘年宵旰兢兢不遑暇食夫欲迪康兆姓首先進用人才昔秦穆公不能用周禮詩

人刺之此蒹葭蒼蒼之篇所由作也今豈有賢
智之士處于下歟不然何以不能臻于三代之
隆也諸臣其各抒所見條列以聞不拘忌諱朕
將采擇焉欽此過了三日御史單颺言上了一
个疏奏爲請旌沈抑之人才以襄聖治以光泉
壤事臣聞人才之盛衰關乎國家之隆替虞廷
翼爲明聽周室踈附後先載於詩書傳之奕禩
實乎尚矣夫三代之用人不拘資格故兔罝之
野人小戎之女子皆可以備腹心德音之任至

于後世始立資格以限制之又有所謂清流者在漢則曰賢良方正在唐則曰入直在宋則曰知制誥我朝太祖高皇帝定天下開鄉會制科設立翰林院衙門儒臣之得與此選者不數年間從容而躋卿貳非是不得謂清華之品凡宰臣定謚其不由翰林院出身者不得謚爲文如此之死生榮遇其所以固結于人心而不可解者非一日矣雖其中拔十而得二三如薛瑄胡居仁之理學周憲吳景之忠義功業則有于謙

王守仁文章則有李夢陽何景明輩炳炳烺烺照耀史册然一榜進士及第數年之後乃有不能舉其姓字者則其中僥倖亦不免焉夫舉天下之人才而限制於資格則得之者少失之者多其不得者抱其沈寃抑塞之氣噓吸於宇宙間其生也或爲佯狂或爲迂怪甚而爲幽僻詭異之行其死也皆能爲妖爲厲爲災爲祲上薄乎日星下徹乎淵泉以爲百姓之害此雖諸臣不能自治其性情自深于學問亦不得謂非資

格之限制有以激之使然也臣聞唐朝有於諸
臣身後追賜進士之典方干羅鄴皆與焉皇上
旁求側席不遺幽隱寧于已故之儒生惜此恩
澤諸臣生不能入於玉堂死何妨懸於金馬伏
乞皇上憫其沈抑特沛殊恩徧訪海內已故之
儒修考其行事第其文章賜一榜進士及第授
翰林院職銜有差則沈寃抑塞之士莫不變而
爲祥風甘雨同仰皇恩于無旣矣臣愚罔識忌
諱冒昧陳言伏乞睿鑒施行萬歷四十三年五

月二十七日疏上六月初一日奉旨這所奏著大學士會同禮部行令各省採訪已故儒修詩文墓誌行狀彙齊送部核查如何加恩旌揚分别賜第之處不拘資格確議具奏欽此禮部行文到各省各省督撫行司道司道行到各府州縣採訪了一年督撫彙齊報部大學士等議了上去議道禮部爲欽奉上諭事萬歷四十三年五月二十七日河南道監察御史臣單颺言奏爲請旌沉抑之人才以昭聖治以光泉壤事一

本六月初一日奉聖旨旨意全錄欽此臣等查得各省咨到採訪已故之儒修詩文墓誌行狀以及訪聞事實合共九十二人其已登仕籍未入翰林院者周進范進向鼎蘧祐雷驥張師陸湯奉杜倩李本瑛董瑛馮瑤尤扶徠虞育德楊允余特共十五人其武途出身已登仕籍例不得入翰林院者湯奏蕭采木耐共三人舉人婁琫衛體善共二人廕生徐詠一人貢生嚴大位隨岑菴匡迥沈大年共四人監生婁瓚蘧來旬

胡鎮武書伊昭儲信湯由湯寔莊潔共九人生
員梅玖王德王仁魏好古蘧景玉馬靜倪霜峰
季萑諸葛佑蕭鼎浦玉方韋闡杜儀臧荼遲均
余夔蕭樹滋虞感祁莊尚志余持余敷余殷虞
梁王蘊鄧義陳春共二十六人布衣陳禮牛布
衣權勿用景本蕙趙潔支鍔金東崖牛浦牛瑤
鮑文卿倪廷珠宗姬郭鐵筆金寓劉辛東之洪
憨仙盧華士婁煥文季恬逸郭力蕭浩鳳鳴岐
季遐年蓋寬王太丁詩荆元共二十八人釋子

甘露僧陳思阮其二人道士來霞士一人女子沈瓊枝一人臣等伏查已故儒修周進等其人雖龎雜不倫其品亦瑕瑜不掩然皆卓然有以自立謹按其生平之事實文章各擬考語另繕清單恭呈御覽伏乞皇上欽點名次揭榜曉示隆恩出自聖裁臣等未敢擅便其詩文墓誌行狀以及訪聞事實存貯禮部衙門昭示來兹可也萬曆四十四年六月二十三日議上二十六日奉旨虞育德賜第一甲第一名進士及第授

翰林院修撰莊尚志賜第一甲第二名進士及第授翰林院編修杜儀賜第一甲第三名進士及第授翰林院編修蕭采等賜第二甲進士出身俱授翰林院檢討沈瓊枝等賜第三甲同進士出身俱授翰林院庶吉士于七月初一日揭榜曉示賜祭一壇設于國子監遣禮部尚書劉進賢前往行禮餘依議欽此到了七月初一日黎明禮部門口懸出一張榜來上寫道

禮部爲欽奉

上諭事今將採訪儒修
賜第姓名籍貫開列於後須至榜者
第一甲
第一名虞育德南直隸常熟縣人
第二名莊尚志南直隸上元縣人
第三名杜　儀南直隸天長縣人
第二甲
第一名蕭　采四川成都府人
第二名遲　均南直隸句容縣人

第三名馬　靜浙江處州府人

第四名武　書南直隸江寧縣人

第五名湯　奏南直隸儀徵縣人

第六名余　特南直隸五河縣人

第七名杜　倩南直隸天長縣人

第八名蕭　浩四川成都府人

第九名郭　力湖廣長沙府人

第十名婁煥文南直隸江寧縣人

第十一名王　蘊南直隸徽州府人

第十二名婁琫浙江歸安縣人

第十三名婁瓚浙江歸安縣人

第十四名蘧祐浙江嘉興府人

第十五名向鼎浙江紹興府人

第十六名莊潔南直隸上元縣人

第十七名虞梁南直隸五河縣人

第十八名尤扶綵南直隸江陰縣人

第十九名鮑文卿南直隸江寧縣人

第二十名廿露僧南直隸蕪湖縣人

第三甲

第一名沈瓊枝南直隸常州府人

第二名韋闡南直隸滁州府人

第三名徐詠南直隸定遠縣人

第四名蘧來旬浙江嘉興府人

第五名李本瑛四川成都府人

第六名鄧義南直隸徽州府人

第七名鳳鳴岐南直隸江寧縣人

第八名木耐陝西同官縣人

第九名牛布衣浙江紹興府人

第十名季萑南直隸懷寧縣人

第十一名景本蕙浙江溫州府人

第十二名趙潔浙江杭州府人

第十三名胡縝浙江杭州府人

第十四名蓋寬南直隸江寧縣人

第十五名荆元南直隸江寧縣人

第十六名雷驥北直隸大興縣人

第十七名楊允浙江烏程縣人

第十八名諸葛佑南直隸盱眙縣人

第十九名季遐年南直隸上元縣人

第二十名陳　春南直隸太平府人

第二十一名匡　迥浙江樂清縣人

第二十二名來霞士南直隸揚州府人

第二十三名王　太南直隸上元縣人

第二十四名湯　由南直隸儀徵縣人

第二十五名辛東之南直隸儀徵縣人

第二十六名嚴大位廣東高要縣人

第二十七名陳思阮江西南昌府人
第二十八名陳　禮江西南昌府人
第二十九名丁　詩南直隸江寧縣人
第三十名牛　浦南直隸蕪湖縣人
第三十一名余　夔南直隸上元縣人
第三十二名郭鐵筆南直隸蕪湖縣人
這一日禮部劉進賢奉旨來到國子監裏戴了襆頭穿了官袍擺齊了祭品上來三獻太常寺官便讀祝文道維萬歷四十四年歲次丙辰七

月朔宜祭日皇帝遣禮部尚書劉進賢以牲醴玉帛之儀致祭于特贈翰林院修撰虞育德等之靈曰嗟爾諸臣純懿靈淑玉粹鸞騫金貞雌伏彌綸天地幽替神明易稱鴻漸詩喻鶴鳴資格困人賢豪同歎鳳已就籔桐猶遭爨緼袍短褐蓬䆖音溜桑樞伐蕘音樵[illegible]畚坎壈欷歔亦有微官曾紆尺組龍實難馴噲寧堪伍亦有達宦曾著先鞭玉堂金馬邈若神仙孑孑干旄翹翹車乘誓墓鑿坏誰敢捷徑澁譶音沓[illegible]音學

摎駔儈市門中有高士誰共討論茶板粥魚丹爐藥臼梨園之子蘭閨之秀提戈磨盾束髮從征功成身退日落旗紅蚩蚩細民翩翩公子同在窮途淚如鉛水金陵池館日麗風和講求禮樂釃酒升歌越水吳山烟霞淵藪擊鉢催詩論文載酒後先相望數十年來愁城未破淚海無涯朕甚憫旃加恩泉壤賜第授官解茲悒怏嗚呼蘭因芳隕膏以明煎維爾諸臣榮名萬年尚饗詞曰記得當時我愛秦淮偶離故鄉向梅根

冶後幾番嘯傲杏花村里幾度徜徉鳳止高梧
蟲吟小榭也共時人較短長今已矣把衣冠蟬
蛻濯足滄浪無聊且酌霞觴喚幾个新知醉一
塲共百年易過底須愁悶千秋事大也費商量
江左烟霞淮南耆舊寫入殘編總斷腸從今後
伴藥爐經卷自禮空王

一上諭一奏疏一祭文三篇鼎峙以結全部

大書綴以詞句如太史公自序

儒林外史第五十六回

文木山房集四卷

（清）吴敬梓 撰

清乾隆刻本

吴敬梓文木山房集四卷，附吴烺诗词各一卷，我在民国十一年在北京收得，價值一圓五角。此是中國文學史上的重要史料，在當時為天地間僅存的孤本。亦用此集作底子，特别是集中的移家賦，參攷全椒志，始能寫成吴敬梓年譜。

胡適

朝廷法古制科取士自
世廟時　詔在廷諸臣及各省大吏保薦博學鴻詞之
彥余司訓江寧三年無以應也
今天子即位之元年　相國泰安趙公方巡撫安徽考取
全椒諸生吳敬梓敏軒　侍讀錢塘鄭公督學于上江交
口稱不置既檄行全椒取具結狀將論薦焉而敏軒病不
能就道兩月後病愈至余齋蓋敏軒之得受知于二公者
則又余之薦也余察其容顦顇非託爲病辭者因告之曰
子休矣當子膺薦舉時余爲子筮之得井之三爻其辭曰
井渫不食爲我心惻王明並受其福今子學優才贍躬膺

盛典遇而不遇豈非行道之人皆爲心憫者乎雖然古人不得志于今必有所傳于後吾子研究六籍之文發爲光怪俾後人收而寶之又奚讓乎歷金門上玉堂者哉且士得與于甲乙之科沾沾得意以終其身者徒以文章一日之知耳子之文受知于　當代鉅公大儒雖久困草茅竊恐　廟堂珥筆之君子有不及子之著名者矣由此言之未可謂之不遇也上海唐時琳

敏軒以名家子好學詩古文辭雜體以名于世凡有所作必曲折深入横發截出就于古人彀率規矩而始已即于他人作一覽數行下亦能以片語領作者意旨以中其要

害江南北朋遊中余獨畏其才大眼高而心細也敏軒承家世文物聲華烜赫之後風流醞釀力洗紈綺習氣生性豁達急朋友之急不瑣瑣于周閉藏積至于今而家乏擔石之儲矣大凡貧而乍富者其志卑而瑣富而乍貧者其志卑而餒世富貴而乍貧者尤甚皆不足與議學問之事周旋之久知敏軒之心眼不爲世俗所蒙翳本于志氣之清明振作故可畏也令子烺年未弱冠手鈔十三經註疏較訂字義精嚴不少懈疎趨庭之下相爲唱和今都爲一集韓愈曰莫爲之前雖美弗彰莫爲之後雖盛弗傳君子于此觀世德矣使敏軒以其攻詩古文之心思效世人周

閑藏積亦何至如是然敏軒以其攻詩古文之心思效世之周閑藏積必將有什伯無算者大過其所爲而何止不至如是雖然豐于此者必嗇于彼敏軒又何以能承文物聲華之後父子相師友名于當世而至于如是也哉此其所以不以彼易此也余兩人有同姓之誼故質言之以敘其端會昌吳湘皐

金陵大都會人文之盛自昔艷稱之考之于古顧陸謝王皆自他郡徙居所謂避地衣冠盡向南者其所致良有由哉全椒吳子敏軒慨然卜築而居敏軒生世家羣從皆覓逸才兄青然與余爲同門友余所畏也敏軒少攻聲律之

文與詩然相師資而奇情勃發將角立不相下遂齊名曾
與薦鴻博以病未赴論者惜之爲諸生二十年倦而思去
要其所自樹立豈以纓組爲輕重哉余新安產而流寓金
陵者久思稍振拔以追往昔之流風餘韻固大有人在然
又念以敏軒之才必見用于世而山水之間不能不與余
以離羣之感爲可躑躅也因讀其集而志之如此上元程
廷祚

全椒吳侍讀公以順治戊戌登一甲第三人進士及第其
所爲制義衣被海內一時名公鉅卿多出其門李文貞公
其一也詩古文辭與新城王阮亭先生齊名學者翕然宗

師之嶟之先人與吳氏稱世講好者近百年矣侍讀之曾孫敏軒流寓江寧能以詩賦力追漢唐作者既不遇于時益專精殫志久而不衰今將薄遊四方余遂捐篋中金梓其有韻之文數十紙以質之當代諸賢竊嘆金椒吳氏百年以來稱極盛今雖稍遜于前𨑨江猶比之烏衣馬糞而敏軒之才名尤其最著者也余梓其所著匪獨愛其與余爲同調將與天下共之焉儀徵方嶟

吳聘君敏軒流寓金陵與余衡宇相望晨夕唱酬至樂也其詩如出水芙蕖娟秀欲滴論者稱其直逼溫李而清永淵潔又出入于李頎常建之間至辭學嫻而多風亦庶幾

百石玉田之流亞信可傳也余方謀付之剞劂以垂不朽而敏軒薄遊眞州可村方先生愛爲同調遂損囊中金先我成此盛舉古人哉是皆可傳也江寧黄河

近代作詩多取燕遊花月爲詠而體則七律居半兼以分韻限韻次韻稱奇不知詩言志歌永言言之不足而長言之長言之不足而詠歎之如必燕遊花月分題角勝將作者之精神注于聲律比偶之工不幾失詩之眞面目哉本宣流寓金陵二十年詩簡唱和積案盈箱其中絕無敏軒之作或疑其懶且傲既見敏軒所存大抵皆紀事言懷登臨弔古述往思來百端交集苟無關係者不作焉庶幾步

趣乎古人毋怪乎見時賢之分題角勝則倚傍乎謝不敏

也江都李本宣

詞序

秦青往矣誰能綴節而歌咸黑杳然詎解曼聲之奏三唐以後歌詩之法無存五季而還樂句之傳盡失是以金荃蘭畹不入翠管紅牙然而寫閨襜之韻懊儂子夜之遺音攄遊覽之情讀曲烏啼之舊製青棠蠲忿消磨花月之愁紅豆記歌細釋虫魚之注是則鼠毫三寸可代綽板琵琶愉瀿一丸足抵玉斂羅袖牕前按拍香流齒頰之間月下微唫沁入心脾之內豈有傷于大雅寧敢唾為外編吳子

敏軒夙擅文雄尤工駢體悅心研慮久稱詞苑之宗遂致閒情復有詩餘之癖辟之繭絲春半能遇物而牽縈益諳秋濤只自傳其辛苦更闌燭跋寫就烏絲酒暖香溫譜成黃絹允矣才人之極致愛其情思之纏綿宗淳南國羈人西湖遊客僧樓匿影正嚴霜苦雪之天旅館逢春又寵柳嬌花之候屬良朋之座上示我二編置麗製于袖中遲之三歲長唫短詠逢郭璞之綵毫夢斷魂勞割邱遲之碎錦喜今得付之剞劂悵未能被以管弦用贅瑣言恕余謭語

山陰沈宗淳

文木山房集目

賦一

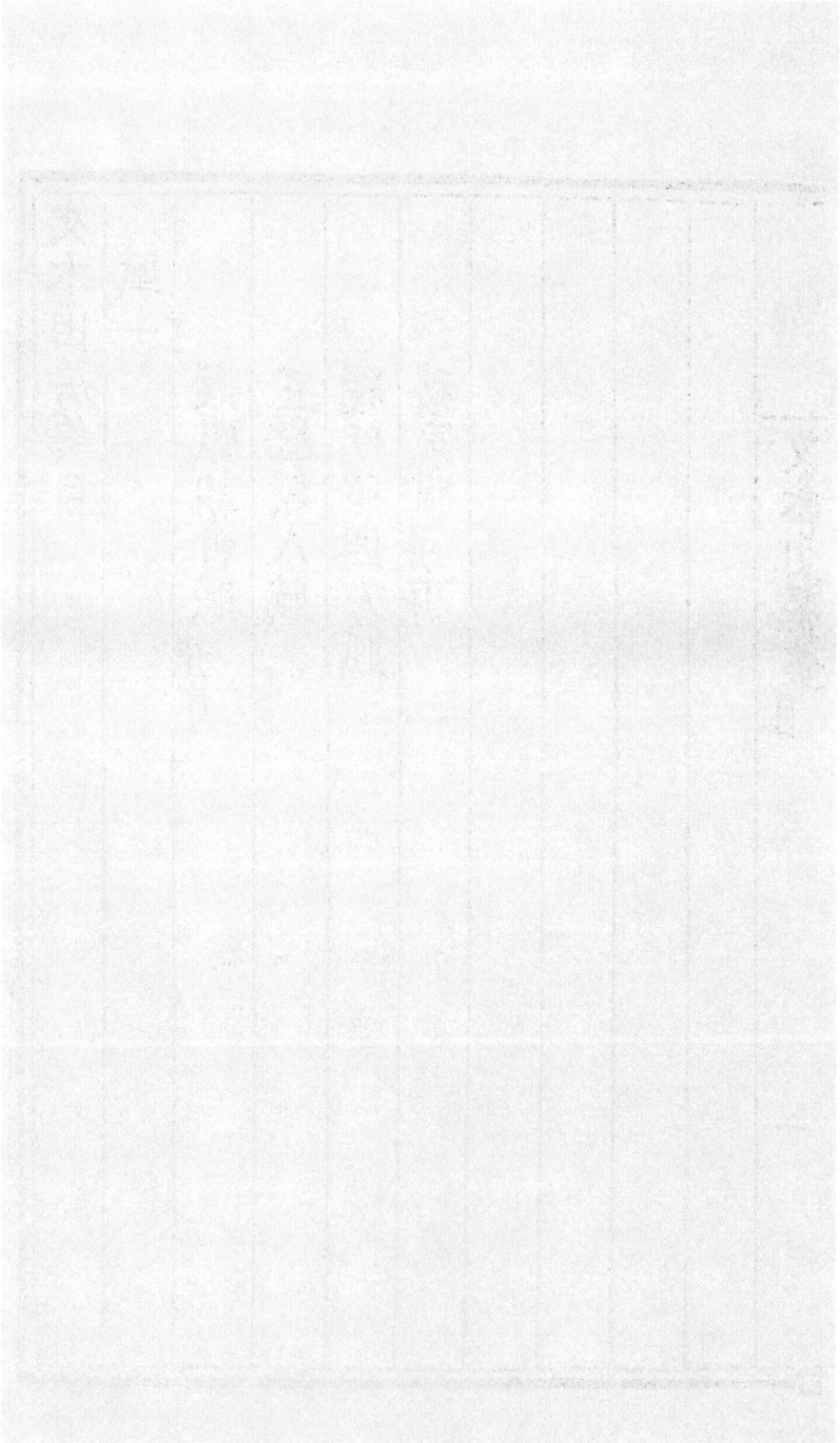

文木山房集

全椒　吳敬梓　敏軒

賦一

擬獻朝會賦并序

臣聞舜受終於文祖輯瑞者羣后禹大會於塗山執玉者萬國周禮太宰象闕懸憲章之新漢殿未央著作歷承明之選講禮述職龍樓鶴禁之中攷績獻功金戺玉階之下凡以正班爵之義訓上下之則也

皇上握紀開階御符當璧聰明智勇商后之珠庭敦敏徇齊神農之玉理仰觀天而俯察地栗栗孜孜就如日而望

丙辰

如雲巍巍蕩蕩林林兆姓咸歌
帝德之化神濟濟臣工喜覩
天顔之咫尺平章百姓表正萬邦六相五臣都俞吁咈四
門三宅亮采疇咨長治久安猶虛座而側席既富方穀仍
省賦而蠲租堯鼓舜旌盡徬徨於寤寐周韶夏磬愈愁勉
而焦勞明試以功襃賞不愆於圖事從欲以治拜颺罔愧
於賞誠重譯來朝聽歡聲之雷動介圭入覲聯班序以雲
名臣早披綿蕞未列簪紳欣逢喜起之年時雍於變幸值
明良之遇乃賡載歌其辭曰月在孟陬歲次柔兆
皇帝方聪受命之符登聖人之寶命典儀以須贊徵諸生

而搜討瑞烟籠鴟吻之光旭日麗龍尾之道朱宮則藹藹
以逶迤丹地則耽耽而窈窕萬戶曦多重簷霧少玉花停
夜金壺送曉殷殷藏燧映宮草之霏微細細爐烟駐游絲
之繚繞凛昊天之明旦兮較鵷班而尤肅問夜色之未央
兮比鷄人而更早魚鑰欲啓兮噦噦鸞聲鳳輦將駕兮晰
晰庭燎維時沙隄堂老金鉉銀青鳴珂列炬爭看火城禁
花宮漏澹月疎星上林鶯囀曉陌鷄鳴法度重尊卑明揚
旌旆盛簪纓冠蓋兮赫奕章服兮錦榮金闕曉鐘警侍臣
之待漏玉階仙仗許學士之登瀛紺練煇兮霞采霜戟照
兮春晴羽旄飛兮馳道翠華停兮璇扇衣冠香惹劍佩花

迎整齊以正八表兮共聽傳蹕之肅遏密方在四海兮不
聞大樂之聲於是開閶闔之門坐太極之殿盡列龍旗纔
分雉扇日邑方臨香烟徐轉玉佩鳴兮聲鏘金蟬耀兮目
眩翠烟揚兮高旌淑景輝兮雕輦才稀晝漏久與宰執以
相親有喜
天顏不使近臣之習見銀燭光添王珂采絢端拱而無為
兮愛育黎民過化而存神兮財成赤縣宮殿兮風微階陛
兮露濺綈几兮式憑束帛兮既薦爾乃百揆使宅五叙敬
敷五流有宅五宅三居草木鳥獸疇作朕虞惟寅惟清秩
宗共圖直溫寬栗典樂是娛

天子曰咨羣臣曰都心腹兮耳目左右兮與俱山龍華蟲兮觀垂裳之象宗彝藻火兮用作服之需五采五色兮彰於百辟六律五聲兮振於九衢翼爲明聽臣鄰弁趨光天之下至於海隅則有王賁將榮宮槐常守祥擁帝梧瑞籠堯柳玉盤仙掌金莖天酒梁高燕雀旗翻螂蟉嵩呼兮帀地拜舞兮稽首捧絲綸兮千堆珠玉之輝鏘環珮兮一部笙簫之奏受天之祜兮惟其有章何福不除兮俾爾單厚猗歟休哉元首明股肱良庶績熙庶事康虞賓光於列位呼韓厠於班行百寮濟濟萬國皇皇內自畿甸外被要荒司儀之職無替臚人之列有章若川流之歸海猶湛露之

晞陽惟日征而月邁兮
一人有慶祝卜年而卜世兮萬壽無疆

正聲感人賦以清明廣大五色成文為韻
撫院取博學鴻詞試帖

天子省風聖人御宇既攸敘兮九功復孔修兮六府擇吉日而合樂乃令倫之俱舉雲門太蔟咸池大呂太護太韶大夏大武飭歸出滯兮用半用全崇德象功兮登三咸五維時奏龍黛吹鳳笙鸞簫咽鼉鼓鳴瞭瞍入奏司樂戩賡分刌節度賁大聲宏晨霧承雲爍龍樓之日麗朱弦疏越映鳳閣之花明邀休和於中天紀克諧於虞代獸舞鳳儀皐賡禹拜維我

皇之至德邁前聖而尤最舞籥歌鍾兮奏以九成伐鼓摐
金兮宣於兩大佳氣兮郁紛響遏兮行雲雲和靈應琅璈
奇芬干羽修兩階之舞戈鋋靖萬里之箕既從五降之節
遂成五色之文斯時也大地昭融芳晨晝朗昭德表功合
樂親往洞心駭目兮律呂清音虛已竦神兮笙竽逸響遐
奏豈二八繁弦非一兩輕塵已飛散游魚亦翻蕩將調露
以致和比鈞天而更廣爾乃八音繁會九變希聲播德留
兮
睿賞通靈協兮羣情和陰陽兮五音六律順天地兮六變
五埶維暢中而動外斯激濁而揚清於是太和之氣出而

相值貞臣思奮賢士益飭為國之良為邦之直正直兮平康剛克兮柔克休明兮鼓吹鴻猷兮潤色猗歟感人厥惟正聲協五事麗五行宣九德布八紘用之邦國格於神明以雅以南兮與七政而並用享親享帝兮共五禮以俱呈無增悲而導欲乃情至而文生爰拜手而稽首祝久道而化成

繼明照四方賦 學院取博學鴻詞試帖

兩儀垂象二曜著形羲輪隨轉望舒靡停麗天出地水氣金精織阿既潔陽德方亨弭節於暘谷兮運渾儀而轉轂照檻於榑桑兮應

聖主之神明維時出震繼離膺圖御世炎昊犧軒雲師火
帝仰觀俛察兮合璧重輪齊政璣衡兮懸車頓轡皃飛騏
步兮既倍顯其晶華顧兎蟾蠩兮亦尤呈其光麗惟睿作
聖惟德參天陰闔陽闢動直靜專感而後應兮采移華耀
言而後行兮光照珠連成器致用兮不遺乎寸晷容民畜
衆兮克肖於張弦九德既備四時咸宜三綱攸綜萬物恬
熙窮神知化兮共耀靈而並麗體信達順兮與朱明而同
規遂乃遠及山陬遐通海嶠參贊兩大整齊八表東漸西
被兮無非翹首之歌朔易南訛兮大有含哺之貌洵俊德
之克明乃無微之弗照至於師師鷺序肅肅鵷行常依覆

序

幬得觀焜煌若葵心之向燠猶湛露之晞陽俛如雕顏卉服俟甸要荒俱承煦育胥受容光參遠月氏之國迢遙日出之鄉皆因風而受吏盡重譯而來王信太平之有象正化日之舒長惟照臨於九宇以表正於萬方

移家賦 并序

粵以癸丑之年建寅之月農祥晨正女夷鼓歌余乃身辭鄉關奔馳道路晏嬰爽塏先君所置燒杵掘金任其易主百里鴐此艋艇一日達於白下土云信美客終畏人阮籍之哭窮途肆彼猖狂楊朱之泣岐路悲其南北昔陸士衡之入洛衛叔寶之過江俱以國常非由得已梓家本膏華

性耽揮霍，生值承平之世，本無播遷之憂。乃以鬱伊既久，薪纆成疾，梟將東徙，渾未解於更鳴，鳥巢南枝，將竟託於戀燠。烟寒土銼，仲蔚之居盡蓬蒿；月冷繩牀，陳平之門惟敝席。心妍面醜，力薄才綿，紫設豈療愁之花，丹棘非忘憂之草。饑者歌食，勞者歌事。覶縷懽荒耗之議，忳悒盡侘傺之況。嘆老嗟卑，思來述往，御爐宮錦，舊事銷沉，葛帔西華，故交零落。氾騰財散，聊自適於琴書；賈島詩窮，復何心於薪米。相如滌器，爐邊有婥嫮之女；景畧鬻畚，山中遇蹣跚之翁。誅茅江令之宅，穿徑謝公之墩。烏衣巷口，燕子飄零；白板橋邊，漁舟曖廼。苔殷蕈紫，淒涼何代江山；斷碣繚垣寂歷前朝陵樹簾開晝永雀作嘉賓戸冷宵澄魚爲門鑰具崔洪之癖不言貨財讀潘尼之詩易遺尺璧遂乃筆賛六藝漁獵百家有若之惡卧焠之以掌蘇子之屈首刺之於股坐蕭齋之牀書帙蠹希映孫康之雪爐香鳴困林宗不改其樂痀僂用志不分竟同元豹任終隱以無傷轉慚蝜蝂能負財以至死雖無揚意之薦達之天子桓譚之賞傳於後人優哉游哉聊以卒歲蛟入仲舒之懷鳳吐子雲之口染翰列元中之名別館著紫方之號金稜玉海連城足比禿友退鋒成功可期千戸之侯百工之技天不弔梓也而獨文梓焉追爲此賦歌以永言悲切怨憤涕涶流沫

左思之賦覆醬瓿豈其然乎李賀之詩投溷中是吾憂也我之宗周貴裔久發軔於東浙（按族譜高祖爲仲雍九十九世孫）有明靖難用宣力於南都（遂祖以永樂時從龍）賜千戶之實封邑六合而剖符迨轉弟而讓襲歷數葉而遷居（始祖諱轉弟公自六合遷全椒）值前代之中天正太和之宇宙隸淮南爲編氓勤西疇以耕耨唄榮露而脂凝合薾雲而車覆春畝青連芳郊綠繡鷓鴣而撴撴鐮揮蟀吟而軋軋織就艤舟於蔡姥湖邊扶杖於丁姑祠右（蔡姥湖見全椒志　丁姑祠見搜神記）爰負耒而横經治青囊而業醫鬼臾區以爲友儗貸季以爲師繙玉版之精切研金匱之奥奇德則協於仁恕知則達於神示聰明理達淳良廉潔

高祖

吳源（志十、44）

道遺金而不拾牆有桃而詎折（先世還金事至今鄉里皆稱之）講孝友於家庭有代傳之清節信作善之必昌乃誕降於高祖自束髮而能文及勝衣而稽古紹絕學於關閩問心源於鄒魯夢丹篆而能吞假彩毫而不與清麗務緜疏越朱弦風行水上繁星麗天初奮發於制舉仍追逐於前賢仲舒無窺園之日公美無出墅之年遭息翮而垂翅遽點額而迴避夜珠之光按劍泣玉之淚如泉幾風晴日張樂花前望龍門而不見燒虎尾而茫然席帽隨身番璫蠹骨躬耕而田病磽确轉徙而財難薛越貧居有等身之書千時無通名之謁（寧國太守闕號以書召謝不往）時呵壁而問天遂舉觴而喝月種白

曾祖

吳國縉 壬辰進士

祖

楊於蕭齋感黃槐於林樾隴上烏飛花間鶯歌流水潺湲寒山碑矾無不傷遲暮於美人白盈顛之華髮乃守先而待後開講堂而雒誦歷陽百里諸生游從鳥啼花影馬嘶香韉過軸之寤寐言趾離之告吉夢見神物之蜿蜒占大璋之載弄（高祖夢神物而太史黃門舉生）肇錫之以嘉名命王家而作棟於是駒齒未落龍文已光始則河東三鳳終則馬氏五常或篤志於鉛槧或盡力於農桑（曾祖兄弟五人四成進士一爲農終布衣）尋桑根之遺跡過落葉之山房家有逸民之號人傳導引之方東華遺俵閬苑翻觴落次仲之鶯逐簫史之凰（布衣公無疾而終人傳仙去。）伯則遨遊薇省叔則棲遲槐署季抗疏於烏臺受兩此處「先人」當是他的祖行。

朝之眷顧似子固兄弟四人吾先人獨傷晚遇常發憤而揣摩遂遵道而得路三殿臚傳九重温語官燭宵分花磚月午張珊網於海隅懸藻鑑於畿輔詔分玉局之書渴飲金莖之露羨白首之詞臣以赤墀之記注五十年中家門鼎盛陸氏則機雲同居蘇家則軾轍並進子弟則人有鳳毛門巷則家誇馬糞綠野堂開青雲路近賓客則輪轂朱丹奴僕則繡綳妝靚卮茜有千畝之榮木奴有千頭之慶宅為因舊齋號長梁禽鳴孌栁燕寢凝香故物惟存於簪笏舊業不繫於貂璫謝恭子之方褥去班絲之隱囊紗帷畫屧素琴々張圖史與肘案相錯綺襦與軒冕俱忘聽呂

字不失蜀

字，疑是

蜀字，亟箭

蒙之孽語過張中之墨壯鼎文有證謬之辨金根無誤改之傷羨延陵之蜀子擅海內之文章吾父於是仰而思坐以待網羅於千古從橫於百代為天下之楷模識前賢之祀載貫文苑之羽儀掛滄海之流芥元默以為稼穡洪筆以為鉏耒獨正者危至方則闕九州之被有餘三秀之門斯壯雕蟲而恥壯夫棄觚而歎散儒講學鄉嘐策名帝都摩石鼓之文聽圜橋之書當捧檄之未決念色養之堪娛感蔡順之噬指鄙溫嶠之絕裾網蒲葦而織屨履澣廁牏而滌溺器菽水堂前板輿花裏見孝草之敷榮有慈鵶之哺止六芝競進以延年五采戲前而色喜曾參之心樂三

釜趙縣之母年八十。身隱而文焉用善養而祿弗及。方遂茅容之願遽下阜魚之泣肝乾肺焦形變骨立。白蛇素狸之擾皓烏䴉雀之集。凡見似而目瞿皆隱志之相及。喪葬旣畢精業維勤卷之萬象撣之八兆。守子雲之玄安黔婁之貧。觀仗才於履屐作表帥於人倫。郡成分宅之義羊舌下泣之仁。門墐羅鳥庭無雜賓。撣樂廢之塵書羊欣之裙。馬帳溢執經之客鹿車駢問字之人。暮年賞舍遠在海濱時矩世範律物正身。時游歷於緇帷天將以為木鐸焉堂階衣冠萬襪。縱萊蕭然引觴徐酌。春夏敎以詩書秋冬敎以羽籥。烏草翟飛雲蔓連閣。見橫舍之旣修歌泮水而

修寧實事
見外史

思樂。先君爲贛榆教諭，捐貲破產修學宮。凛朽索之馭馬，毋求信於尺蠖。守規矩與繩墨，實方員而枘鑿。微子之歎蓬飛，仲尼之感桑落。歸耕潁上之田，永赴遂初之約。先君於壬寅年去官，次年辭世。賢人則歲在龍蛇，仙翁則惟遺笙鶴。於是君子之澤，斬於五世；兄弟參商，宗族訴誶。假蔭而帶狐令，賣婚而締雞肆，求援得援，求繫得繫。候景以兒女作奴，王源之姻好唯利。販鬻廁會竊貲皁隸，若敖之鬼餒，而廣平之風衰矣！彼互郎與列肆，乃販脂而剞脯。既到處而轍留，能頷睇而目語。魚鹽漆絲繭，葦毛羽。澀囂槃繆䶥儈枝梧。漉沙擣白，熬波出素，積雪中春，飛霜暑路。遷其地而仍艮，皆雜處於吾土。山棲人

面，窮奇鏤牙。細旃廣厦，錦幄香車。馬首之金匼帀，腰間之
玉辟邪。春風則乘醉而倚，秋月則倍明於家。爵之列戟鳴
珂，加以紫標黃榜，莫不低其顏色，增以悽愴。口嚬嚅而不
前，足盤辟而欲往。念世祚之悠悠，遇斯人而怏怏。梓少有
六甲之誦，長餘四海之心，推雞坊而為長，戲鶩欄而忿深。
毖早年之集蓼，託毀室於宛禽。淳于恭之自箠，不見陳太
邱之家法難尋。熏爐茗椀，藥臼霜礁，筧稀酒聖，聊托書淫。
旬鍜季鍊，月弄風陰。談諧不為嬰默，交游不入僉王。爾乃
洛陽名園，輞川別墅，碧柳樓臺，綠苔庭戶，翠鶯亂飛，雜花
生樹，枕石漱流，研朱滴露。有塊意與琦行，無捷徑以窘步。

吾獨好此嫮修乃衆庶之不鑒賀拔惎之交疏劉鵷鶵之
門杜羣擬嶭嶭有似嚚屎嘲嘲齧齧聇聇樓樓無爲牛從
齊爲雞尸灌夫罵坐之氣莊叟物外之思壯士歎兮絕天
維北斗戾兮太山夷閉戶而學書空叩門而拙言辭至於
眷念鄉人與爲游處似以冰而致蠅若以貍而致鼠見幾
而作逝將去汝飄蓬而忮心不怨虛舟而褊心不怒貫絲
五色繡作平原君有酒一杯唯澆趙州土當其年少旅愁
東下西游向臨卭以作客過鄴下而登樓馬鳴驛路雞唱
星郵嚴霜點鬢酸風射眸鼠窺燈而破夢鳥唬樹而生愁
月曉則淚林宋宋葉落而古道颼颼風力酒水寒威綿折

行道遲遲憂心慘慘日薄西山乍明乍滅有迷津而莫問無幽事之可悅樂莫樂兮新相知悲莫悲兮生離別看山光而黯淡聽水聲而嗚咽既而名紙毛生進退維谷歎積粲而成緡亦連篇而累牘雖濬發於巧心終受嗤於拙目鬼蚩謀利之劉龍人笑苦吟之周朴竟有造謗而不報或至對賓而杖僕誰爲倒屣之迎空有溺廬之辱撥寒爐之夜厥向屠門而嚼肉五世長者知飲食三世長者知被服彼錢癖與寶精枉秤珠而量玉遂所如而齟齬困窮塗而悲緬金陵佳麗黃旗紫氣虎踞龍盤川流山峙桂槳蘭舟藥欄花砌歌吹沸天綺羅撲地實歷代之帝都多昔人之

旅寄爰買數椽而居遂有終焉之志樓外花明簾前日麗竹院風清紙牕雪霽常捫蝨而自如乃送鴻而高視予六代之英才忽愴焉而隕涕彼夫金張之館許史之廬南鄰鍾磬北里笙竽有萬人之僮客具千乘之輜車生奇樹於庭內待時英而館處久從吾之所好豈有慕於彼都乃有靑錢學士白衣尚書私擬七子相推六儒旣長吟而短嘯亦西抹而東塗咸能振翼於雲漢俱誇龍躍於天衢誰解投分之交懽誦絕交之書於是登高舒嘯臨流賦詩朝露之托柏葉枯朽之出菌芝世事則唯感木槿文字則竟少萋蘐澆書攤飯朝斯夕斯況復廻文織錦故人織素鬢影

春風穠衣茹蘆垂露華於石井彈綠綺而佳趣不工封禪之書聊作美人之賦別有何戳白首車子青春紅紅小妓黑黑故人寄閒情於絲竹消壯懷於風塵識沈約夢中之路銷江淹別後之魂謙以稱物而平施恐以含容而成德石火電光終於此滅取富貴以何時嗟韶年之轉廹且夫消息盈虛天道在焉余家世於淮南乃流播於江關枯魚窮鳥不可問天布衣韋帶虛此盛齒寄恨無窮端憂詎止憶風景之通華寫哀思於側理妙曲唱於旗亭絕調歌於郢市正如雍門之琴聞而淚落無休素女之瑟聽則悲生不已

交木山房集目

詩一

殘春僧舍

笙

琵琶

早春過冶山園亭追悼周羽士

楊柳曲送別沈五遂初

寄懷章裕宗二首

寄李肅村四首

登周處臺同王溯山作

春興八首

古意

文木山房集

全椒　吳敬梓　敏軒

詩一

觀海

浩蕩天無極潮聲動地來鵬溟流龎域蜃市作樓臺齊魯金泥没乾坤玉闕開少年多意氣高閣坐銜杯

西墅草堂歌

先人結廬滁山中布衣蔬食一畝宫青山層疊列畫障綠樹槎枒映簾櫳門迎流水蓼花灣牧唱樵歌競往還琴樽無恙塵囂静指點滁林莫靄間有明末運干戈裏黄巾赤

眉紛如蟻淮南十家九家空眼看城郭生荆杞先人倉皇走避兵茅屋傾攲茂草生汗萊滿目牛羊下野水爭流禽鳥鳴五十年來成幻夢斜陽廢壄少人行吾先君子長太息欲將舊宅重經營手持錢帛告田父昔吾先人此環堵多年侵奪勿復言梁燕飛來知故主茅茨重葺土重築醵酒諸昆共揮麈竹苞松茂好相期莫忘先人慶寧宇祇佘搖落又西風一帶楓林繞屋紅明月空傳天子詔西墅一輪明月高擬鹿門莊烈皇帝勅書中語歲時瞻仰付村翁

雨

輕暖捲簾衣孤亭暮雨微落紅觧密樹新綠滿遙扉堦下

苔痕長，梁間燕子歸。西牕燈影暗，枯坐欲忘機。

遺園四首

辛苦青箱業，傳家只賜書。荒畦無客到，春日閉門居。柳綫和烟結，梅根帶雨鋤。舊時梁上燕，渺渺獨愁予。

新綠漸成陰，催耕聞暮禽。治生儒者事，誅道古人心。薄俗高門賤，窮途歲序深。無聊愛墳籍，詎敢說書淫？

秋聲何日到，殘暑去天涯。鴟影棱烟樹，松陰繪月階。病魔皆故物，詩境落孤懷。獨倚危樓望，清光聚此齋

風雨漂搖久，柴門挂薜蘿。青雲悲往事，白雪按新歌。每念授書志，其如罔極何？可憐貧賤日，秖是畏人多。

雜詩

鴻雁鳴雝雝白露淒以隊大夫用爲贄德與長者配或謂之鳴鵝南遊靑春背況乃上虞縣民力遂可廢春銜拔草根秋隊除其穢悵焉忽單飛孤鳴中腸碎傷彼水中鳩關關和其喙

初夏村居羅錦宣攜樽過訪賦謝

風雨彌旬久晴天一啟扉客攜樽酒至驚亂林烏飛刺水秧針瘦霑人柳汁肥江東老羅隱明月送將歸

病夜見新月

一痕蟾光白疊殘空庭有人病未安暮禽辭樹疑曙色影

落文颸穟瑱玕。無聊盡日秋聲冷露重羅衣玉骨寒欲攀仙桂問月姊老兎深藏不死丹仰天長嘯夜氣發絲絲鬼雨逼雕闌

小橋旅夜

客路今宵始茅檐夢不成蟾光雲外落螢火水邊明。早歲艱危集窮途涕淚橫蒼茫去鄉國無事不傷情

風雨渡楊子江

幾日秣陵住扁舟東復東濃雲千樹合驟雨一江空往事隨流水吾生類轉蓬相逢湖海客鄉語盡難通

殘春僧舍

花落迴廊靜鐘聲丈室過三春青鬢改一院綠陰多客久
無鄉夢愁深有病魔獨憐良夜永明月在藤蘿

笙

數聲鵝管絳唇乾撥火金爐夜向闌孺子獨生伊洛想仙
娥曾共幔亭看幾時天上來青鳥何處風前聽紫鸞最憶
澄心堂裏曲小樓細雨十分寒

琵琶

鳳尾龍香世莫傳半灣逤邏槃冰弦雪深六月明如冢淚
滿三更商婦船坐嘯竹林差共擬重登花萼亦堪憐彎輪
袍曲非難製祗是無因上舞筵

早春過冶山園亭追悼周羽士

晴光冉冉過樓臺仄徑捫蘿破蘚苔仙客已歸蓬島去名園仍向冶城開獨憐殘雪埋芳草又見春風綻野梅十載知交存此地秪今寥落不勝哀

楊柳曲送別沈五遂初

江南二月春風吹江邊楊柳千萬枝行人欲折不忍折籠烟蘸雨垂綠絲。王恭張緒不可見困酣嬌眼如欲啼攀條流涕桓宣武何不移栽元武陂昔日幽燕輕薄兒斫取枲條繫斑騅越溪春半如花女祓禊牽裳憐愛誰羌管聲中傷別離聲聲寄我長相思

寄懷章稀宗二首

柳烟花雨記春初夢斷江南半載餘直到東籬黃菊放故人才寄數行書

香散荃蕪夢覺遲燈花影綴玉蟲移分明攜手秦淮岸共唱方回腸斷詞

寄李嘯村四首

帶雨征鴻過晚天懷人中酒夜無眠小山叢桂今安在欲賦淮南招隱篇

鄴侯風骨謫仙狂白下空臺际鳳凰好佩茱萸食蓬餌菊英滿泛九霞觴

飄零身世同秋雁寂莫郊坰狎野賓淚說吳剛能斫桂無由得見月中人

修竹千竿酒百罇華林江左舊名園共君相約年年醉世上升沈安足論

傷周羽士

豈是黃金不鑄顏剛風浩劫又吹還月明笙鶴繞山頂歸向蓬萊第幾班

登周處臺同王溯山作

高臺多春風旭日照彼岨攬袂試登臨懷古遙躑躅昔者周孝侯奮身三惡除家本罹畫溪折節此讀書古今同一

轍與君皆僑居工愁吳季重深情王伯輿抗志慕賢達悠悠千載餘

春興八首

秦淮三月水芳草綠迴汀樓外鶯梭轉牕前漁榜停午烟隨處滿卯酒未曾醒花事知何許柴門竟日扃

移居星歲易為愛白門山遂步連花港蘭舟繫柳灣窺檐竄雀去繞樹暮鴉還長晝茶鐺沸耽吟亦解顏

失計辭鄉土論文樂友朋為應逢自直聊比木從繩揮麈清風聚開樽皎月澄迴思年少日流淚太無憑

但覺黃金賤其如白璧玼纏頭當日價乞食近年詩頡曲

窺園董仲舒句不通。

周公瑾呼盧劉穆之歡場無限事猶自繫相思

興來凭水檻豈是好樓居者酒稽中散窺園董仲舒閒情

時有作消渴病難除一事差堪喜侯門未曳裾

小舫通潮信春風兼碧流玉簫聲斷續銀蒜影夷猶北里

尋商女南朝問故侯銜泥雙燕過落日水明樓

近市居原誤無由學灌園誅茅江令宅蠟屐謝公墩漫晝

終何益寒號亦自存每將偕隱意三復昔人言

積雨朝來霽垣衣上板橋春光自明媚客思轉蕭條柱按

鵾弦劇杯傾鸚腦消殘燈高枕夜夢裏故山遙

古意

妾年十四五自矜顔如花靡容驕歛綃臟理履蟬紗耳璫垂明月臉暈凝朝霞黃金飾釵纍碧珠綴鬢鴉褰帷當戶坐皎皎燦天葩麝火博山然雲母屏風遡女師勤鍼繭侍婢理箏琶母兄命良媒交口稱柔嘉自緣根本好那復委泥沙豈知盛年去空閨自長嗟五陵輕薄兒紛紛鬭驕奢遂言鄰女美爽妾不復誇含羞臨曉鏡恐似鳩盤荼

冶城春望

鑄劍池臨古道旁忠貞祠墓枕平岡雨餘圓蘚生虛壁風過長松倚壞牆。建業三春花事好句吳千載霸圖荒衣冠晉代渾難問獨凭高原空夕陽

過金舅氏五栁園舊居

紅土山前栁色滋幾年悽愴在江潯養花天氣春與淺易主亭臺往事沈瀟雨蠻烟悲宦況舅氏爲廣西修仁令簷絲蝸篆尚庭陰廻思賭墅圍碁日寂莫羊曇淚滿襟

永慶寺

桃花紅映上方埼蠟屐登臨有所思昔日主家羅綺盛寺相傳爲梁永慶公主香火祇今佛地繡幡垂招提夜雨與茶竈店舍春烟颭酒旗盡日小樓貪習靜浮屠倒影壁間移

過叢霄道院康熙丙子歲先君子讀書其中今道士尚存年九十餘矣

鈴鐸風微靜不聞客來芳徑正斜曛烟昏樹杪鴉千點水

末二句都魯門換詩陸中引用。

長陂塘鷺一羣幽草綠遥尋古刹疎牕碧蛸哭遺支白頭道士重相訪極目滿山飛亂雲

滁州旅思

曉望諸峯翠色新雨餘芳草碧如茵春光已過清明節勝地渾無蠟屐人旅病那堪花入夢暮寒不厭酒霑唇遥思二月秦淮柳蘸露拖烟裊麴塵

九日約同從兄青然登高不至四首

盡日凭闌有所思夕陽不見野艇移牕前綠水紋如縠一夜清霜減舊時

綠橙手擘味清嘉黃菊枝頭漸著花獨坐河亭人不到一

此即外史之
牛布衣。

簾秋水讀南華

吾家才子推靈運，也向秦淮僦舍居。故園茱萸從插徧，登高作賦已全虛。

寒烟羃歷塘長橋，幾點漁燈趁晚潮。酤得鄰家新釀美，半爐獸炭火親燒。

秋病四首

女蘭香細拚腮紗，白袷單衣病裏加。一縷藥烟當水檻，寒蟬聲斷夕陽斜。

同作　　蕪湖朱卉 草衣

月影初臨樹影加，茶烟將斷篆烟斜。閒凭曲泉闌干立

一架秋風扁豆花

素領應隨秋氣深却緣消渴罷彈琴美人一賦堪千古何
用子虛與上林

當風怕看來賓雁苦雨愁聞逐婦鳩不是鄰家遺潘沐那
能臨鏡强梳頭

屯賤誰憐虞仲翔那堪多病卧匡牀黃金市駿年來貴換
骨都無海上方

石城晚泊

落日寒江上吳艑挂短篷荻花連岸白燭影傍人紅太澤
眠鷗鷺晴天響雁鴻焚香祝奇相願借一帆風

渡江

呼婦鳩聲水一涯魚噞猶恐尚風霾癡兒不識波濤險笑指船如水靸鞵

望眞州

波光駘蕩綠楊灣漁市人家曬網還日暮危檣依曲港寒雲遮斷小帆山

訪楊東木敷五

相看鍛竈漫歌呼羨爾龍文與鳳雛買棹寒江冰欲合連牀細雨酒頻酤廻廊自署湯提點長夜唯消木野狐不是故人施榻待扁舟風雪又菰蘆

不寐

客中眠未穩漏鼓聽愈真。月落鳥辭樹，燈昏鼠近人。酒痕

浼病肺，詩卷伴閒身。側耳碁枰響，因思王積薪。

將往平山堂風雪不果二首

平山堂畔白雲平，文藻偏能繫客情。不似迷樓羅綺盡，祇

今惟有暮鴉聲。

空懷遷客擅才華，不見雕闌共絳紗。卻憶故山風雪裏，摧

殘手植老梅花。

月

二分明月好凝夜，自光輝玉兔白，常滿金猊香漸微。車馬

丙辰

與薦酒橘柚晚侵衣遙念青溪口凭闌盼我歸

賦得祕殿崔嵬拂彩霓 督院取博學鴻詞試帖

長樂鐘聲夜天門羽仗齊浚宮開戶牖祕殿儼榱題瑞靄螭頭麗香烟鵷吻迷芝房含旭日藻井映晴霓楓陛多鳴玉彤廷半執圭銀青來複道金紫向沙隄但覺層霄近還疑弱木低紅梁纔語燕絳幘又鳴雞采色輝珠箔華光映錦綈喈喈嬌鳥囀恰恰曉鶯啼率舞獸咸拜聯班馬正嘶幾多詞賦客通籍在金閨

賦得雲近蓬萊常五色 撫院取博學鴻詞試帖

龍樓朝日麗鳳閣瑞雲翔膚寸看初合觚稜倏已光氤氳

含絲仗靉靆映旂常白鶴春風滿輕鮮淑景長紀官宜殿陛為雨潤農桑五色兼三色千秋捧

聖皇

賦得敦俗勸農桑學院取博學鴻詞試帖

淑景堯封麗仁恩禹甸長辛勤看士女勸課重農桑綠野春如繡青郊草正芳畦邊揮黛耜陌上執懿筐蘭澤高低徧蘋花遠近香和風來密樹甘雨溢方塘戴勝飛何急倉庚語轉忙定將收繭稅紵待莠苞稂喜見趨耕織欣瞻裕蓋藏豳詩堪入詠朋酒祝無疆

題王湖山左茅右蔣圖

平生我愛王摩詰輞川圖畫妙入神篋藏此圖三十載埽
總拂拭無纖塵有時酌酒與裴廸花枝草色眼中新浮雲
富貴非所好愛山成癖樂其眞披圖沈吟仍怏怏輞川野
色平千掌那似江南烟水區丹青紫翠多駘蕩欽岔碕礒
仍碉㠋崔嵬歷陵人觀仰白門佳麗古所稱誰其峙者茅
與蔣幾年卜築板橋住秦淮水色鍾山樹木蘭舟內急觴
飛揚柳樓邊歌板度著書仰屋差自娛無端擬獻金門賦
授簡曾傳幕府招蠟言梔貌還枝梧秋風襆被返白門總
外寒潮退舊痕咄嗟獨凭闌干立長者叩戶笑言温手持
絕妙倪迂畫畫出逍遥莊叟園短松少鶴相隨久修竹啼

鷺古意存兩山翠色烟雲繞中有草堂深窈窕書卷應堪
比鄴侯樵蘇時復思莊蹻幾棱欣看遠近田一條寒玉溪
光曉春秋佳日快登臨高懷那許塵容擾雅志高懷見此
賢何須服食求神仙蘭臺家世千秋重藝苑文章四海傳
祗此蓬瀛共瑤島休言綠野與平泉便擬將身入圖畫不
羨王維居輞川

寒夜坐月示草衣二首

今夜霜中月依然照獨吟短簷窺野馬曲木礙歸禽但覺
情懷減其如歲序侵鄰家歌舞寅徹曉惱人心
忽念朱居士耽吟夜撚髭篆烟縈畫障漏水咽銅盝蠹木

蟲何苦鑽窻蜂太癡何當一樽酒斟酌月明時

雪夜懷王淵山山居二十韻

十日不相見相思契轉深端憂多雪霰悵望好園林鍾阜濃于染茅山翠欲沉垂緗看凜烈磐石積頑陰馬蝟巖威集鴉翎宿霧侵淫苔封薜戶空穴送霜砧織楚門將塞詠茅路可尋田家新釀酒土室且孤斟肘後堆青簡牀頭枕素琴定須摛寸管詎肯戀重衾紅樹酣荒店黃花餅故岑玉蟲寒閃閃金虎夜愔愔鳳尾松堪寶龍絲竹似鍼天懷原澹泊風物任蕭森不獨常披翰還宜愛盍簪扁舟良友聚施榻故人心荊門躍舟同在山莊絮語同揮塵攤書共識蟫歡娛

乾隆元年 (1736)

參看廬序

良不易離別感難禁瞅㝅撚髭苦淩兢擁鼻吟言歸在何日乞我辟寒金

丙辰除夕述懷

歲序倏云暮羣動日以廹青帝將乘權玄冥又如客寄居秦淮上五載星霜易令節空坐愁北風吹颮獠霸子俱跳蕩萊妻只羸瘠商陸火添紅屠蘇酒浮碧唯有虎宜畫那無雞可磔指囷復何人助予呼將伯堪笑謝仁祖轉向修齡索餽米 王溯山 入夜醉司命敕辭多自責迴思一年事棲棲爲形役相如封禪書仲舒天人策夫何採薪憂遽爲連茹阨人生不得意萬事皆懣懣有如在網羅無由振羽翮

霜覆我檐木介聲槭槭短歌與長嘆搔首以終夕

元夕雪

元夕三更後雪花飛滿天全無明月影空有夜燈懸詞賦梁園客爪眉姑射僊何人金殿側簪筆祝豐年

題史鐵力竹牕夜坐圖二首

月牕趺坐有誰俱夜色空明照白鬚千畝渭川茅屋外寒烟深處長王孫

江寧縣南二十里蕭管竹生慈母山頭白歸來應卜築風標常似畫圖閒

輓王宓草

白鬓負人望今見玉棺成高隱五十載畫苑推耆英儀貯
宣和譜圖藏佛菻形九柄豈煩擬一筆能寫生毫端臻神
妙壘疊勢縱横裴池抽玉跋觀者愕然驚懸金在都市往
往收奇贏幽居三山下江水濯塵纓檐前野竹秀户外汀
花明揮手謝人世緱嶺空簫聲鄉輩哀輓言或恐非生平
顧陸與張吳卓然身後名

沈五自中都來白下旋復别去悵然有作

金石同交誼相思涕淚流如何三載别不遣一宵留候館
迎征雁津亭聞暮鳩獨憐江上月雙照故人愁

全椒道上口占六首

山凹曉日上三竿蘭渚停輿露未乾午後已欹衣擦絮那
知江店尚春寒

烏犍穩臥閒柴門千樹桃花又一村翻恨陽禽聲聒耳春
原無處不消魂

海燕初來塞雁歸楊花風滿杏花飛幾年白社疎行跡老
樹今成四十圍

榆甲雨過春水平村原無復桔槔聲。年來料得多豐稔牆
角先看薺菜生。

湔帬村女集方塘釵談波光閒日光爲聽竊脂枝上語相
邀同賽馬頭孃

舊水何堪飲社翁兼旬兀坐雨聲中因過村舍知春盡漸
見含桃火齊紅

閒情四首

娉婷市近苧蘿西倦客扱幽叩碧閨溪上桃花紅雨過牕
前楊柳綠陰低雖無美酒傾三雅尚有新詩咏九迷叙識
鏡光私語處生憎滿院曉鶯啼

咫尺偎源緣分乖莫愁真合住秦淮因貪媚婕收奩粉爲
愛游蜂集鬢釵飛絮落花三月暮綿繻甲帳片時偕朱櫻
樹下重攜手看足明金壓繡鞵

兆娘年少恭娘嬌小別麻姑路已遥牕薇蛾眉看自在橋

排雁齒定魂銷繡墩春暖鱗文席綵袖香籠鳳翼舖不是
梁濤曾密約那能此處見雲翹
香藥透骨有誰知謫向塵凡冰雪姿畫永春殘人乍別態
濃意遠淚偷垂曾聞名士多寥落何事佳人亦仳離安得
與卿登玉版大羅天上看書碑

爻木山房集目

詩二

贈黃崙發二十韻

病中憶兒烺

初夏惠隱寺花嶼山房食筍分韻得竿字

夏日讀書正覺菴示兒烺

送别曹明湖

贈楊督府江亭

眞州客舍

雨夜楊江亭齋中看菊

雨

方靖民楊巨源攜樽過余寓齋小飲

贈真州僧宏明

歲暮返金陵留別江賓谷二首

天合紅藤杖歌爲姚文潔作

伯兄自山中來夜話山居之勝因憶去秋省兄未及十日而別詩以志感得二十韻

陳仲恰刺史留飲寓齋看燈屏同李遼門作

贈家廣文棠泉先生

哭舅氏

題白沙翠竹江村

見山樓

曉發姑孰道中

慈姥山

贈洪別駕月航

臘月將之宣城留別遂門

江上曲

僊人磯晚眺

雪後過釆石磯

白紵山

曹躍舟留宿南軒

入琵琶峽

文木山房集

全椒　吳敬梓　敏軒

詩二

贈李傚南二十四韻

行旌新歲至候館早春寒梅蕊宵疑坼椒花曉未殘光風迎北戶淑氣轉東闌晉接言辭洽周旋禮數寬家聲重仙李功業著樓蘭憶昔橫戈數曾聞倚劍看秋風衰草白落日大旗丹羌笛聲多怨鳴笳夢豈安龍城誇萬仞虎旅凜三單月朗輝銀鐙沙飛染繡鞍葦心有硐戶稽顙是呼韓禹甸休傳檄堯階慶舞干長才試盤錯壯志歷艱難自合

膺專閫還宜議築壇邊疆欣奏凱瀚海羨飛翰虎豹嫺韜畧蛟螭走筆端焚香爐鴨瘦翻帙蠹魚乾才子珠爲唾先生鐵作肝高情惟覓句雅韻若無官適與還揮麈新詩擬美光油幢千騎上縣馬萬星攢躬應昇平運交深異士歡揮毫驚浩瀚伸紙自汎瀾竚見須　綸綍　天階奏鳳鸞

酬青然兄

鳴鳩飛戾天詩人獨長歎明發念先人不寐涕洸瀾況當明聖代敢忘振羽翰兄昔膺薦牘驅車赴長安待詔三殿下簪筆五雲端月領少府錢朝賜大官餐卿士交口言屈宋堪衙官如何不上第蕉萃歸江干酌酒呼弟語却聘爾

良難。淮南舊業荒，江左春色闌。酒人復延訪，詞客且盤桓。歌場酌大斗，狂呼顏渥丹。忽焉獨書空，中心信劬歎。行道會有時，豈能終澗槃。兄其崇明德，無爲摧肺肝。

貧女行二首

蓬鬢荊釵黯自羞，嘉時曾以禮相求。自緣薄命辭徵幣，那敢逢人怨蹇修。

阿姊居然買佩蘭，踏歌連臂出初殘。歸來細說深宮事，村女如何敢正看。

傷李秀才并序

丙辰三月，余應博學鴻詞科，與桐城江若度、宣城梅淑伊寧國、李岑、森同受知于趙大中丞。余以病辭、而三君入都。李君試畢、卒于都下。賦此傷之。

扶病驅馳京輦遊依肰名未上瀛洲報羅不是人間使天上應難賦玉樓

美女篇

夷光與修明、豔色天下殊。一朝入吳宮、權與人主俱。不妒比螽斯、妙選聘名姝。紅樓富家女、芳年春華敷。頭上何所有？木難間珊瑚。身上何所有？金縷繡羅襦。佩間何所有？環珥皆璠璵。足下何所有？龍縞覆氍毹。歌舞君不顧、低頭獨長吁。遂疑入宮嫉、毋乃此言誣。何若漢皋女、麗服佩兩珠

獨贈鄭交甫奇緣千載無

二月三日舟發通濟河同李蘧門作

麗景方如許如何作旅人薰梅紅漸減犖柳綠初勻古廟春烟濕荒村社火新晝眠知有禁月令是日禁晝眠宴寂笑言親

夕陽

夕陽紅與綠波溶烏榜青烟春意濃近岸繡旛飄柳外誰家絲酒祭句龍

同作 江都李本宣蘧門

虞淵西下遠波融蓬底炊烟煑晚菘行飰舵樓間眺望綠楊村店酒旗紅

詩 三

錢圓南齋中夜坐

却羡春暄美都忘客思淹辟門初倒屣花徑乍開簾細草縈簪帶垂楊拂帽簷相邀傾酒琖閒坐數郵籤但覺襟懷爽應敎勢利恬清吟思洗謝高臥想羲炎自笑緇常化誰憐癸不黔從今與朋好愛說老夫潛

左伯桃墓

元辰余假裝登塚浥朝露蘭蕙被光風松篁夾廣路烟欝蕭堦橋遙指左桃墓憶昔并衣糧含笑入深樹良朋相楚歸死骨終相附懷古撫殘碑想見交情固良足敦友誼胡乃急榮遇亦有却聘人灌園葆貞素

投金瀨

春風花落溪水兼貧家柴門閉水上女兒三十無夫家日月臨流洴澼絖蘆中窮士伍子胥星奔乞食來村墟壺漿豈爲投金報感激沈身魚鼈豬白蜆爲裳玉爲佩昌容練色烟染黛岸草汀花無限愁霧鬢風鬟竟安在人生遇合信難期傾城顏色無人知若教身入吳王苑尊榮寧得讓西施

郃村同司徒左文趙壽民司徒孔文司徒際周話舊

密戚忻相聚香醪味獨甘燒燈開斗室設榻近書龕往事

俱重述行踪亦共詳爲言居勝地終日事幽探黃蕊當窗發丹蔦繞戶酣草痕同織翠水色欲拖藍耕鑿時無失林泉樂可躭倉庚飛熠耀燕子語呢喃細雨童驅犢薰風婦饁蠶荷鋤遵陌倚杖瞰晴嵐曠渺情何限風塵客轉慚良宵難再得佳頻聽清談

石臼湖弔邢孟貞

石臼湖中春水平石臼湖邊春草生團蒲爲屋交枝格棘庭蓬藋幽人宅幽人半世狎樵漁身沒名湮强著書海內宗工王司寇丁寧賢令式其盧式廬妹子何以告惆悵姓名爲鬼錄撿點遺書付梨棗頓使斯文重金玉前輩風流

難再問祇今湖水年年綠

神弦曲 并序

郃村地介吳楚俗尚鬼奉關壯繆甚謹社日與句龍並祀旅況無聊爲作迎神送神之曲令巫覡歌焉

挾日兮朝暄蠲爲饎兮赤蘗酌清酤兮刲犧牲揚靈旂兮采旙擊坎侯兮鼉鼓神之來兮江滸駕翔鳳兮飛龍舟櫂風落兮纜錦浮被犀皮兮衷兕革操吳戈兮帶楚鐵剖魚獸兮珠文弭象骨兮解轡紛巫再拜兮𠻳詞神去兮江之涯乘雲車兮風馬渺翩翩兮將下仲春兮振旅神之的兮捍吾圉

月夜懷姚文潔黃崙發

黃權貞快士姚合擅詩篇一別春江上重看明月員檐光擕短燭香篆裊殘烟此際知何處清吟夜未眠

村舍雀二首

衔書授籙也休論棲宿猶堪傍市門何事空村來啄粟可知挾彈有王孫

昏目還應慮夕暉春暄且趁短垣飛無端一陣催花雨溼透嘉賓褐色衣

酬李邁門

予性極和緩余懷多壯憊相約同遠行十日九睚眦吳艄

六幅帆其中小于芥瑟縮同眠食詎敢共巇噫迴望秣陵城小李將軍畫因之詩思動伸紙書倒薤竟忘局促苦連宵意不敢君子淡以成小人甘以壞願得常攜手互作韋弦佩

秣陵關

篠輿芳徑草痕斑明庚風來滲客顏一帶江城新雨後杏花深處秣陵關

贈黃崙發二十韻

叔度不相見因之鄙吝生春花香水榭暮雨暗江城游屐五年共行觴一座傾掀髯弄唯笑傲捧腹更從衡渴驥臨摹

妙捕蛇詩句清解衣看盤礴信手即經營吹影空齋話游絲小院晴郄超眞好客許武果成名憶昔方年壯翺翔上帝京每觀三耦射嘗覆五侯鯖瘦馬投山店扁舟問水程燕吳悲異路楚越又宵征老憶家千里愁形髮數莖言歸呼酒伴良友訂詩盟滿貯紅粱醞新烹玉糝羹虛堂宜說劍曲室且鳴箏爐几多蕭散門庭少送迎懸弧當勝日折簡召耆英座有金光草人疑木帝精狂夫來索醉洗琖祝長庚

病中憶兒烜

自汝辭余去身違心不違有如別良友獨念少寒衣病榻

茶烟細春宵花氣微郵亭宿何處夢也到庭幃

初夏惠隱寺花嶼山房食筍分韻得竿字

偶過支公院荒畦綠幾竿款扉驚晝課燒筍供朝餐合配香秔熟應知粉籜殘從今謝逋客留待竹平安

夏日讀書正覺菴示兒煩

仲夏草木莽離憁鬱長鞠涼臺不可得仁祠映林麓呼兒移臥具來就老尊宿板榻欹雲眠草裳離塵服炎光大火灼惟期就湯沐忽然玉甬鳴但覺金鷄伏奮鐸振天關衝孔廻地軸頓忘癉暑心願言被霧縠始知轉眼間世事多翻覆貧賤安足悲篝燈向西塾

送别曹明湖

清風戒寒衣霑露與君相遇青溪渡秋江駭浪布帆輕送君歸去闔閭城今夜扁舟潤州地爛熳花開鶴林寺鱸膾蓴羹取次嘗橙黄橘緑强人意十月聞君又遠遊北道嚴霜滲敝裘長安卿相舊相識應須笑傲凌五侯（時將謁趙大宗伯）人生知遇眞難得揮手别君淚沾臆

贈楊督府江亭

狻猊産西域本非百獸倫一朝同率舞圖畫高麒麟三苗昔梗化戈鋋擾邊垠桓桓楊督府鉦鼓靖烟塵功成身旣退投老歸江濱廉頗猶健飯羊祜常角巾明月張樂席晴

友生癸丑移家此，云七年，當是己未（乾隆四年）。

日坐花裀丹心依天桴白髮感蕭晨方今履泰交禮樂重
敷陳　天子聞鼓鼙應思將帥臣

眞州客舍

七年羈建業兩度客眞州細雨僧廬晚寒花江岸秋奇文
同刻楮閲世少安輈秉燭更闌坐飄蓬愧素侯

雨夜揚汀亭齋中看菊

秋雨羈慈室驚傳折簡呼黄花依玉箔翠葉映瓊蘇愛客
忻投分論文恕鄙儒不因逢勝賞誰解旅懷孤

雨

皇天不雨五閲月誰鞭陰石向很山我今客遊二百里眞

州僧舍掩松關維時季商律無射肅霜納火細菊班夜靜溽寒擁衾臥忽然揮汗熱面顏阿香喚汝推雷車殷殷雷鳴盈淸灣初疑江邊巨艘發詰朝驟雨聲崢潺瀰盆三日不復止慧門丈室苔媥㶉寒花幽草俱漂沒惟見堦下水潺湲老夫頗此情懷惡客居幸得半日閒呼童鄰家賒美酒眞跕一醉氣疎頑明晨衝泥問楊子妻兒待米何時還

方靖民楊巨源攜樽過余寓齋小飲

入門攜酒鐺慰余羈旅情舊事殷勤說新詩刻苦成雨餘秋轉麗霜後水初淸盡日饒佳趣休辭醉月明

贈眞州僧宏明 僧姓蕭全椒人余從母之子也

昔余十三齡喪母失所恃十四從父宦海上一千里弱冠
父終天患難從兹始窮途久奔馳攜家復轉徙吁嗟骨月
親音問疎桑梓今年遊眞州蘭若寄行李中有一比邱聞
我跫然喜坐久道姓名知爲從母子家貧遭飄蕩耶孃相
繼死伯兄去東粤存殁不堪擬仲兄遠傭書迢遥隔江水
弱妹適異縣寡宿無依倚兄弟餘兩人流落江之涘髡緇
入空門此生長已矣哽咽語夜闌寒風裂窻紙

歲暮返金陵留别江賓谷二首

廣莫風多寒氣凝布帆霜雪照愁燈從今祇可憑雙鯉問
訊相如病茂陵賓谷以秋月抱病歸

長雲斷岸盡相思衰柳何堪綰别離楚鼓數聲村落晚扁舟重過佛貍祠

天台紅藤杖歌爲姚文潔作

臥梅書屋春光麗客來叩戶擾清製臥梅老人倒屣迎呼童攜來邀同行云是天台紅藤杖天台老僧昔我貺二十五年常函藏斑深色古壽者相摩挲今日拂塵埃笑語聞庭步紫苔桃枝靈壽差堪擬枯蔓蒼藤何有哉杖端非飾不噎鳥銘以篆書獨夭蟜薊門陳君雕鏤工公輸刻鳳出意表吾聞千歲藟爲虆虆藤援以樛木同鉤繩且復相隨遊錦市應免他時投葛陂鍾山千尺濃雲護曳杖年年濕

芒屩應羨山靈有夙緣自懸塵坌無歡趣百歲清閒非易求得意當思五嶽遊眼見春花爛南陌百錢買醉須阮修

伯兄自山中來夜話山居之勝因憶去秋省兄未及十日而别詩以志感得二十韻

地本烟霞窟兄爲巢許倫百年歌帝力十畝樂天眞抱阜宜營室還汀許結鄰綠廻芳草長黛染遠峯勻社鼓烏江廟（祠與烏江項王廟相近）靈旗牛渚津山川餘質朴習俗尚清淳野老嬉遊共村翁來往頻藤蘿陰漏月桑柘影隨身美酒盈杯勸良苗幾棱新餳簫花外市牧笛雨中春幸免家人謫偏餘稚子親攤書消永夜高枕臥清晨自著潛夫論寧辭

此即於陵
虞博古当是
無錫人

原憲貧昨秋過故里留我住彌旬薜荔依門巷蒹葭變水濱圓沙知雁聚曲港見鷗馴蟹斷緣溪富魚罾胥樹均嘉肴仍速舅肥牲定娛賓願得長相倚須完未了因寄聲勞稷客此是武陵人

陳仲怡刺史留飲寓齋看燈屏同李邈門作

烟綃霧縠彌絲絕中含火齊光皎潔鯨魚鱗甲動蜿蜒秀華掩映管弦咽風流太守解組歸愛客開樽燈月輝滅燭留髡客不去不知門外雪霏霏

贈家廣文棠泉先生

吾宗宜碩大分派衍梁溪名字標黃閣 綸音降紫泥

淸才摛禁近課士且卑棲繫馬春風暖御杯月影低槐陰
看鱣集榔外聽鳥啼鍾阜邀詞藻秦淮爭品題微吟驚候
吏奏績付詩筴大雅將淪落斯文賴整齊昔年賢使相謂嵇
相國投分幾招攜豈合甘蕭散應難得久稽聲稱盈玉
殿依舊趁金閨

哭舅氏

河干屋三楹叢桂影便娟緣以荆棘籬架以蒿牀眠南鄰
侈豪奢張燈奏管弦西鄰精心計秉燭算緡錢吁嗟吾舅
氏垂老守殘編弱冠爲諸生六十猶屯邅皎皎明月光揚
輝屋東偏秋蟲聲轉悲秋蘩爛欲然主人旣抱病强坐芸

此亦是小説中一个人物

牕前其時遇賓興，力疾上馬鞴。夜沾荒店露，朝銜隔江烟。射策不見收，言歸泣漣漣。嚴冬霜雪凝，偃臥小山巔。酌酒不解歡，飲藥不獲痊。百憂摧肺肝，抱恨歸重泉。吾母多兄弟，惟舅友愛專。諸舅登仕籍，俱已謝塵緣。有司操尺度，所持何其堅？士人進身難，底用事丹鉛？貴爲鄉人畏，賤受鄉人憐。寄言名利者，致身須壯年。

題白沙翠竹江村

見山樓

隔江嵐翠重，高褰畫圖展。疑是僊人居，蓬萊水清淺。

香葉山堂

交杏花葉香古栢虬龍附俯仰難自如移亭應就樹

東溪白雲亭

東溪看朝隮薈蔚衆纖堆東溪人已去白雲自往來

芙蓉汻

朝採芙蓉花暮採芙蓉葉芙蓉不見人臨風舒笑靨

耕烟閣

北舍飛倉庚南村鳴布穀細雨試開軒綠簑覆黃犢

因是菴（菴有綠牡丹）

架上白鸚鵡牕前綠牡丹何如航海客親至落伽還（見鴻書）

衆響齋

大塊多噫氣斯齋聚響俱其南爲梵宫其西爲僊壺

僊壺

水色碧于蕖花光紅若霞連甍架飛棟即此是仙家

寸草亭

斯園最高處惟見雲舒卷凭欄一御風不覺泠然善

梲外翦藥草廬翁

皃中有耆碩轉徙淮南地自號草廬翁所師傚貧季愛女適狂生時人嘆高義茅齋四五椽繞籬雜花蒔肘後懸靈樞案前堆金匱園林劇藥苗屏風挂鹽鼓徙柳多奇情針茅亦游戲梅福莊光甥昔賢愛同志嗟余辭鄉久終歲不

一至前年懸弧辰留我十日醉不我平生業周易蠅頭字旁及老莊言逍遥無物界自言歲龍蛇逝將謝人事續學翁所勤近名翁所忌無人爲表微誰定黔婁謚

送學使鄭筠谷夫子還　朝三十韻

帝德敷文教醇儒受　主知南屏誇毓秀西浙信鍾奇鄒魯心源接皐夔事業宜摛辭先紫闥簪筆上　丹墀鰲禁廻翔日　龍樓申命時風期儲作相簡畀命爲師聖代恩光美諸生教育垂中川飛綵舸長路颺雲旂被化千餘里勞臣三載期弦歌聲絡繹羽籥舞參差繼志人皆仰因材篤靡遺冰壺常自耀水鑑果無私舒嘯聞鸞

鳳揮毫纂席螭春風開絳帳夜雪坐臯比語默無非教周旋必中規叩籥仍待問撤幙不差池三變容皆見一隅舉所疑持衡餘奬進取士掩瑕疵披覽官齋晚微吟夜漏遲孤冀羣愛戴勝弛荷扶持昔歲　彤廷詔會令蓬戶窺不才塵薦牘授簡寫新詩坐待官廚餉吟看日晷移幾回瞻謦欬再拜奉師資知遇眞難報蹉跎尚若斯驚心易寒暑臨別重謳思哲匠饒經濟名賢好羽翼爲鸞臺　九重待鳳閣百僚隨教澤咸沾被酬恩難繫維摳衣姑孰路惆悵送旌麾

曉發姑孰道中

曉風吹酒醒鞭影拂雲屏水漲然犀浦烟迷夢日亭麥英
紅茱圃榆莢白蘋汀日午征人倦茅簷野騎停

慈姥山

店舍看新月傳爲慈姥山伐蕘穿徑去燒笋度林還酒薄
難勝夢燈昏强照顔僕夫催曉發衫袖露華斑

贈洪别駕月航

詩學看前輩騷壇久擅場宦遊戎馬地歸及水雲鄉五柳
陶潛宅千金陸賈裝琅函三萬軸流溯說　仁皇佩文韻府
徵校諸臣月航與焉

臘月將之宣城留别邏門

餘日霜霰零獵葉聲飃颺纔從眞州返復向宛陵遊君唱
幽蘭曲送我赴輕郵遂總窺天縹江水眞安流雪霽艷朱
炎相思登北樓

江上曲

玄英遵中川帆影嚴雲結青山秀長松森若錦屏列江浦
見居人送寒鼓聲咽客子遠行遥都忘換時節江上北風
多江岸蘆花折日暮隨風師漁燈遂明滅

僊人磯晚眺

舟繫危磯畔登高瞰大荒雁聲來浦溆鳥影下帆檣檜栢
虛籠月菰蘆遶受霜客遊驚歲暮無計理歸裝

雪後過釆石磯

我行釆石磯殘雪掀巑岏青松出秀色黃竹垂琅玕碑版懸閣道祠宇燦林端曾聞宮錦袍嘯詠過前灘供奉一云沒太息思才難舍舟入衢國風疾客衣寒

白紵山

白紵佳名在茲山空翠微春風廻冶步夜月舞文衣伏櫪歌聲壯龍蟠王氣非可見誰指墓惆悵向斜暉

曹躍舟留宿南軒

留我南軒宿今年此再過谷夫子曾寓南軒

初夏送督學鄭筠

蹬浮尊滿酌鶯素手重磨貧賤征途久知交離別多感恩望霄漢相

眺

顧嘆蹉跎（躡舟求受知于夫子）

入琵琶峽

路入琵琶峽口遲江天晴色敞堯巇霜畦綺錯衰楊外滿眼青山謝眺詩

除夕寧國旅店憶兒垠（兒年最幼已自力于衣食其東道主皆長者也故篇末及之）

旅館宵無寐思兒在異鄉高齋綿雨雪岐路飽風霜莫詑時名者應知客思傷屠蘇今夜酒誰付汝先嘗

文木山房集

詞一

金縷曲

滿江紅

又

念奴嬌

蹋莎行

虞美人

減字木蘭花

又

又

又

又

又

又

又

賀新凉

惜紅衣

解語花

買陂塘

又

洞仙歌

沁園春

千秋歲

金縷曲

疎簾淡月

月底修簫譜

滿江紅

瑣牕寒

乳燕飛

文木山房集

詞一

全椒 吳敬梓 敏軒

金縷曲 盛夏題霍公山房

何計鞭陰石只當天燭龍鞭火愁心如熾敗屋閒雲依破衲松影北窗堆積看茶鼎風吹習習荷葉三枚延法慶寶光師飛錫河婁國我相在竟誰識　山城梵宇巍然立嘆幾時靑鸞白馬又生荊棘假使泉明今尚在蓮社定須重入霍公談先便滿眼惟餘俗物揮淚我來尋舊址悵遠公頭白今成雪鐘樓外又斜日

滿江紅

夜雨空階尋短夢重衾寒戀記那日芳郊香徑桃花人面

樓上、春暄、開翠、幙牕前侍女揮紈扇把紅紅白白紉芳詞

思量遍　武陵洞天台院路已失峯猶轉恰勝常道罷迴

睠難見山獺有情空抱木冰齋到死仍留繭好風光如夢

復如塵腸千斷

又　治山大忠貞公廟

子孝臣忠、垂竹帛功名如許、想當日直言正色、褰裳衛主、

北府軍兵遺恨在、南朝君相清談誤便全家碧血染琱戈、

青溪路、國運改、荒墳墓、王者作、新祠宇、廟爲明太祖勅修看衣

冠劍佩精靈呵護獨嘆謝鯤稱放達堪羞王導虛名譽悵

千秋灑淚冶城邊聽春雨

念奴嬌 枕

蘄紋冰簟早橫陳玉體寶釵斜墜酒醒夜闌纖手按撥有助嬌花蕊膩鬢絲牽凝脂香染臉暈回身未舊家放處思量怎地能睡 却笑古陌邯鄲盧郎高臥嘗盡愁滋味洛水一篇思舊賦此物賺人流涕半世孤眠三更新夢惟爾知蕉萃今宵無賴化為蝴蝶相戲

踏莎行

仄徑苔肥小池萍厚凭闌祇有人消瘦乍晴還雨暮寒多

庚戌為雍正八年(1730)，是年三十歲。

餘香漸褪雙羅袖　密約無憑愁腸依舊菱花知我眉間皺濕雲如夢挂湘簾簾前春去空長晝

虞美人　題畫扇

殷紅淺綠傳毫楮按節猶能舞八千子弟盡銷磨記得兵殘楚帳夜聞歌　無端闌入江邊草又染丹青稿世人惟解重嬌娃不見萇弘碧血化為花

減字木蘭花　庚戌除夕客中。

今年除夕風雪漫天人作客。三十年來那得雙眉時暫開。不婚不宦嗜欲人生應減半。鮑子知余滿酌屠蘇醉擁爐。

又

昔年游冶、淮水鍾山朝復夜。金盞牀頭、壯士逢人面帶羞。

王家曇首、伎識歌聲春載酒。白板橋西、贏得才名曲部知。

又

田廬盡賣、鄉里傳爲子弟戒。年少何人、肥馬輕裘笑我貧。

買山而隱、魂夢不隨溪谷穩。又到江南、客況窮愁兩不堪。

又

學書學劍、惋恨古人吾不見。株守殘編、落魄諸生十二年。

狂來自笑摸索曹劉誰信道唱盡陽春勾引今宵雪滿門

又

哀哀吾父九載乘箕天上去弓冶箕裘手捧遺經血淚流
劬勞慈母野屋荒棺抛露久未卜牛眠何日瀧岡共一阡

又

閨中人逝取冷中庭傷往事貿得廚孃消盡衣邊荀令香
愁來覽鏡憔悴二毛生兩鬢欲覓良緣誰與江郎一覺眠

又

文瀾學海，落筆千言徒灑灑。家世科名，康了惟聞毷氉聲。

郎君乞相，新例入貲須少壯。西北長安，欲往從之行路難。

又

奴逃僕散，孤影尚存渴睡漢。明日明年，踪跡浮萍劇可憐。

秦淮十里，欲買數椽常寄此。風雪喧阗，何日笙歌畫舫開。

賀新涼 青然兄生日

小院淸無暑，襯湘簾、桐陰柳色，階前過午。痛飲綠醽今夕酒此是謝庭瓊樹況更有兒郎阿虎服食神仙蓬島客紫泥菱滿向冰盤貯千歲鶴爲君舞　人間富貴雖朝露也休學許家馬磨終身貧窶捉鼻低頭知不免且把春秤共賭莫問他故人何處小弟今年鬚頷甚但銜杯不放銀蟾去池草盡昔時句

惜紅衣　紫茉莉用白石詞韻

嬌女烟飛新歌雲散倚秋無力點砌幽花明霞襯天碧土化鴛鴦曾記取燒金仙客藹寂釵折鳳鸞訪工人消息　平康巷陌佩解羅囊紅粧枕相藉奇葩恰許掩冉芸總北試問鴈來霜後幾度小階巡歷只紫荆一樹何處照他顏色

雍正十一(1733)
年33。

解語花 雨後荷花

青萍乍破綠葉低翻掩映遥天罅香心撩惹還膩有珠顆盈盈欲瀉碧筒堪把剛植向藥欄花樹愛多情水佩風裳伴幾時閒暇　因憶錦帆銷夏露輕盈半面星眸頻射館娃荒也誰提到玉樹後庭閒話江姝淚灑曾記取珠璫偷卸到如今蓮步荷衣付雨婚風嫁 元載聞荷中有聲如十五六歲童子歌玉樹後庭花

買陂塘 癸丑二月自全椒移家寄居秦淮水亭諸君子高宴各賦看新漲二截見贈余既依韻和之復爲詩餘二闋以志感焉

少年時青谿九曲畫船曾記遊冶紼纚維處聞簫管多在

柳隄月榭朝復夜費蜀錦吳綾那惜纏頭價臣之壯也似
落魄相如窮居仲蔚寂寞守蓬舍　江南好未免閒情惹
惹風光又近春社茶鐺藥碓殘書卷移趁半江潮下無底
履聽快拂花梢燕子營巢話香銷燭灺看丁字簾邊團圞
寒玉又向板橋挂

又

石頭城寒潮來去壯懷何處淘洗酒旗搖颺神鴉散休問
衕兒獅子南北史有幾許興亡轉眼成虛壘三山二水想
閱武堂前臨春閣畔自古占佳麗　人間世只有繁華易
委關情固自難已偶然買宅秦淮岸殊覺勝于鄉里饑欲

死也不管干時似淅矛頭米身將隱矣召阮籍嵇康披襟箕踞把酒共沈醉

洞仙歌 題朱草衣白門偕隱圖

山圍故國正桃源紅綻恰向幽人畫圖看羨雙仙一種游戲情懷多少事付與空江斷岸　被銚斟美酒琴韻簫聲眉宇何須露精悍燕子語呢喃抱甕而歸烏衣巷夕陽零亂我亦有閒庭兩三間在遂步青溪版橋西畔

後半陰以來

沁園春 送別李嶦村

春雨如絲假葢衝泥訪余板橋嘆佯狂李白思原無敵工愁與賞益用增勞水色縈牕衣香滿座共倚河亭短燭燒

癸丑　癸丑

驚心處又蒲帆高挂待趁新潮　黯然欲别魂消悵去住難憑仗彩毫怕魚箋三萬僅能塗抹龍賓十二只解訴嘲開府清新參軍俊逸何日論文倒濁醪君思我在秦淮十里楊柳千條

千秋歲 四月初一日金其旋表兄五十初度寄祝

熟梅時候簾外薰風透梁燕乳庭花瘦堆盤烹白小洗琖呼紅友千古事文章儘爲先生壽　伯玉知非後翁子窮經久人漸老愁依舊彈琴看鬢影潑墨盈懷袖須念我一春寂寞青溪口

金縷曲 七月初五朱草衣五十初度

織屬堂中客困風塵如流歲序行年五十南越北燕遊倦矣白下鑿坏爲室似巢父一枝棲息昨夜桐風驚短夢把園林萬綠都蕭瑟秋士感壯心廹　荀卿正遇遊齊日嘆胸中著書千卷沈埋蠹擲尚有及時一杯酒身後之名何益張季膺斯言堪述天意也憐吾輩在且休憂塵世無相識長壽考比金石

疎簾淡月

牆匡月轉漸霧濛秦淮牕影遮斷蕉萃黄花滿徑槿籬零亂絲絲蒜髮羞臨水倦凭闌又成長歎板橋垂柳漁家繫艇晚炊菰飯　正客子凄凉滿眼待香醪自煑緑蟻浮殘

三百青銅買得幾爐麩炭冷吟間醉原無味更何堪愁淚
酒淺步欄屧倚殘星數點兩行哀雁

月底修簫譜

鵲爐烟鸞鏡影託向畫屏見竹葉花幫白苧趁時薌是他
病後心情愁中風度幾曾帶玉釵金釧 錦堂畔早把銀
燭高燒運簾隔嬌面射覆分曹姊妹半宵譙只餘幾度廻
眸一聲長歎瞞不過杏梁雙燕

滿江紅

雀化虹藏又過了今年冬序臨水檻寒潮綠減夕陽紅聚
幾處霜風催鋌叉誰家夜月鳴機杼更木蘭椒葉盞奚頭

1734

廿四歲

糈牀注　豈合在他鄉住豈合被虛名誤盼故山榛莽先人邱墓已負耦耕鄰父約漫思彈鋏侯門遇再休言得意薦相如凌雲賦

璅牕寒　憶山居

薜荔牆邊藤蘿石上自然瀟灑長松百尺絕似虬龍高挂嘆三年柴扉未開蛛絲網徧茅檐鋪只曉驅黃犢霜楓紅映夕陽西下　寒夜從容話枉眷戀秦淮水亭月榭撇却家山紫翠丹青如畫想潑醅春酒正濃綠楊村店雞豚社幾多時北叟南鄰定盼余歸也

乳燕飛　甲寅除夕

令節窮愁裏，念先人，生兒不孝，他鄉留滯。風雪打牕寒徹骨，冰結秦淮之水。自昨歲、移居住此。三十諸生成底用？賺虛名、浪說攻經史。捧巵酒，淚痕滓。

家聲科第從來美。嘆顛狂、齊竽難合，胡琴空碎。數畝田園生計好，又把膏腴輕棄。應媿煞、轂貽孫子。倘博將來椎牛祭，總難酬、罔極恩深矣。也畧解，此時恥。

喝火令 題刺繡圖

寶髻香螺染，羅帬綠草齊。新栽淡墨水田衣。坐擁薤紋冰簟，團扇也相宜。

拂曉燗初斂，當春鳥正啼。自挑弱綫小牕西。絕勝𢹂蒲，絕勝賭圍碁，絕勝笥與油壁，花外蹋香泥。

如此江山

一船離恨斜陽外遥嶷數行穹翠亂藻横陳崇蘭雜密才過清明天氣魚兒燕子看飛入檣邊皺來波底綠柳青帘趁虚人聚水中沚　終宵眠亦未穩早月到蓬窻好夜如洗蠟屐誰家湔裙那處偏我羈愁千里心驚不已嘆百五韶光祇余餘幾兩甲烟苗荼花開徧矣

蹋莎行

鹿韭香濃雀瓢香細何人庭院春初霽還家兩月不曾過又從江上招舟子　挑薺籬根焙茶牕際一般也有幽間事獨憐涉險總無端檣聲軋軋波聲裏

小重山 三

雲傍夌波拂曙行回看烟霧裏別江城黑頭沙鳥過遥汀臨斷岸綠徧水香稜　八字買帆輕連宵春雨過浪花平凭舷山影落窗櫺青天外何處曉霞明

燕山亭 燕湖雨夜過米卓叔舊宅

川后停波屏翳送寒搖蕩澄江青霧橋外數椽蘚蝕苔殷映帶柳搭花攜燕子歸來知聰否當年誰主無語銜落蕊迎風綠垣低度　悄悵孤客淒清聽瑟瑟蕭蕭夜窗聲苦粱市阮廚孀擒香銷知他故人何處他日相逢難說盡別離情緒思汝同聽者半宵春雨

惜黃花 采石

江花紅裹浪花綠漲過危磯憶當年謫仙情況燕子掠波廻魚姿隨潮長但繫著幾行橫網 騎鯨慢恰釣鼇疎放古之人古之人祗今安往帶月臥孤篷醒酒催三樂也博得十分酣暢

青玉案 途次懷正湖山

梨花與食春將半記分袂溪橋畔別後頓教春又晚長隄楊柳芳洲芝若綠徧江南岸 應勞髯叟將余盼幾月遊蹤似天遠遙憶瑟居情與嬾一簾烟雨半爐香霧坐聽流鶯囀

慶清朝 李嘯村留飲園亭

鴈膳堆盤龍脩滿徑儘堪留客舟旋纜通晝刺便教投轄爲懽不用玉船瓊夏清談揮塵最相關園亭外鵓鳩喚雨聲出林端　多少暮雲春樹嘆別離蹤跡說也淒然空廊散錦還看江月重圓曉水細流曲徑隔籬新漲一溪烟空凝想板橋艇繫紅藥欄邊

百字令 天寧寺僧舍見青然兄題壁詩

長廊塵黯是吾家康樂舊曾題處一自旁求巖穴裏爭說拔茅連茹兄應博學鴻詞科入都余時亦被薦故云瘦馬黃埃明駝紫陌挾策長安去虎巷龍墀祇留貽贈詩句　追憶春草鳴禽西堂

濤濺終日同鄉慮老大轉傷漂泊甚分手北燕南楚花雨
空祠江聲虛壁神鬼應呵護紗籠何日木蘭花正盈樹

桂枝香 望九 華

颯颯作落見黛色黏天九峯堆砌鋪岸魚衣如繡水葒蓼
錯帆回花轉斜陽裏又依然江天寥廓歎空石厂誅茅畦
町簇叉攙椅 念客裏風光不惡又鬬茶時候紅莎綠蒻
何日丹爐鍜竈結廬林薄終南太華都休問只思尋深洞
巖壑幾行沙鳥幾雙社燕幾聲風鶴

虞美人 貴池客舍晤管紹姬 周 懷臣汪荆門姚川懷

幾年同作金陵客古渡尋桃葉今年作客在池州買得鮹

此宋霞士也。但
風事也外史。
失乃云何
本十四大節（本十
闻思云。）

魚沽酒共勾留。絲絲梅雨雜初夏煮茗消閒話端陽節

近旅愁牽孤負秦淮簫鼓攤燈船

減字木蘭花 識舟亭狸風喜過朱乃吾玉道士崑霞

卸帆聰下一帶荒城渾似畫。羽客凭闌指點行舟杳靄間。

故人自首解贈青銅沽濁酒。話別悤悤萬里連檣返照

紅。

西子粧

蒲劍方交荷鐵乍極潑眼安榴花吐。畫梁元乙恰歸來向

湘簾傍人矜舞新詩謾與且邀得狂朋怪侶坐綠陰聽蛻

蟬聲斷迎涼庭宇。孎棲誤三月春光拋擲如塵土。一帆

江上趁潮平愛河干午風清暑旌門幕府有多少感恩知迴洗征衫幾陣濯枝驟雨

高陽臺 真州客舍晤閔冠霞以江賓谷手書並新詞見示倚聲奉答

柘月初斜盲風漸緊扁舟又別江城雀室潛聽蕭帆趁就秋聲關情只有辭巢燕怕看他鳩化為鷹怪兼旬為踏槐黃誤了鷗盟　真州老友重相訪示懷中一紙縱橫夜掩禪關剪燈細讀淒清假饒樂句常連袂也何須鼓瑟吹笙儘沉思蒸盡薰爐沸盡茶鐺

踏莎行 鏡鄉亭

窮海纍臣上林天子鏡鄉亭畔傷心事霜空木落雁銜書

歸期回首初春是　碧草頹垣紫苔唐肆瀕江弔古堪流涕祇緣身未到邊關不知洪皓含悲地（郝經元臣元世祖使經來宋告卽位賈似道留于眞州十五年至元將滅宋始還經在眞州時以雁繫帛書又常遊鏡蘋亭作記宋金華詩曰木落霜空悠所如歸期回首是春初上林天子援弓繳窮海纍臣有帛書）

水龍吟

木犀香滿精廬晚來受月池光淺一龕佛火一爐茶影一簾詩卷旅鬢迎秋斷魂驚夢曲闌凭徧悵纔晴又雨重陽近也留不住辭巢燕　休說瓊樓玉宇儘西河吳剛迷戀功名尚記昔年知遇依然淪賤北固山明南冷水美客懷聊遣謝多情老衲軍持淨洗把黃華薦

惜秋華 寓齋菊花紅葉爲積雨所敗傷之

蘂露凝脂，看施元的的，臉霞初暈。冷淡幽姿，添他幾般半韻。盲風乍滿籬角，黃雀雨、驚寒雁陣。霜信。悵離披數枝，開時誰問。　愛賞傾新醞。似佳人絕世，翠眉遙聲，呈素質、表臧理香銷燈燼。今宵月漏濃雲，又儘教、綠遮紅襯。休慍。待移栽膽瓶重認。

水龍吟 自然鐺爲眞州家薌林賦

半升鐺裏乾坤，問誰巧製同丁緩。香濃聖水，光瑩伏火，淡烟徐轉。盡日廻廊，連宵寒雨，一樽常滿。羨奚奴去後，幾番沸了，渾不用、揮紈扇。　儘解相如消渴，更添他、杜康沈湎。

花陰徑窄蘭舟波淨相攜游徧小病初愈故人重到乳花
浮盞待餐來溫餅朱衣拭取驗何郎面

內家嬌 生日作

行年三十九懸弧日酹酒淚同傾。嘆故國幾年草荒先壟
寄居百里烟暗臺城。空消受徵歌招畫舫賭酒醉旗亭。壯
不如人難求富貴老之將至蕉夢公卿。行吟憔悴久靈
氛吉須歷吉日將行。擬向洞庭北渚湘沅南征。見重華協
帝嗷詞敷袵有娀佚女宓妃節揚靈。恩不甚兮輕絕休說功
名

（清）吴敬梓 撰

文木山房詩説不分卷

清抄本

文木山房詩說

全椒吳敬梓敏軒纂

孔子刪詩

太史公曰古詩三千餘篇及至孔子去其重取可施于禮義上采契后稷中述殷周之盛至于幽厲之缺三百五篇孔子皆弦歌之以求合韶武雅頌之音禮樂自此可得而述以備王道成六藝孔穎達曰書傳所引之詩見在者多亡逸者少則孔子所錄不容十

分去九遷言未可信也歐陽修曰遷説然也今書傳所載逸詩何可數也以詩譜推之有更十君而取一篇者有二十餘君而取一篇者由是言之何啻三千

四始六義之説

四始六義之説始于大序大序或云作于孔子或云作于子夏或云漢儒古列國之詩勞人怨女所作太史采而達之天子孔子論次删存三百餘篇自關雎至殷武皆可佩以弦歌見美刺以裨政教如謂四始

獨明興衰之由將其餘逐無關政教而工歌所不及者乎呂氏春秋曰孔甲作破斧之歌實始爲東音禹娶于塗山塗山女作歌曰候人兮猗實始作爲南音周公及召公取風焉以爲周南召南周昭王將征荊辛餘靡實始作爲西音有娀氏二佚女作歌曰燕燕往飛實始作爲北音詩云以雅以南則雅頌宜並稱今以二南爲風之始國風置而不論且雅一也小雅大雅分而爲二則南一也周南召南詎不可分而爲

二乎呂氏先秦似爲可據既云南雅頌則六義之說不應舍南而稱風孔穎達云比賦興原來不分則惟有風雅頌三詩而已至周禮有六詩之文始分爲六詩或又云比賦興別爲篇卷孔子始合于風雅頌之中穎達云若然則離其章句析其文辭樂不可歌文不可誦竊意小雅中有近于風者周南中有近于雅者豳詩則兼風雅頌而有之或古之太師聆音而知其孰爲風孰爲雅非章句之士拘于卷軸之謂也至

于賦比興之説凡舉一物者即謂之興質言其事則謂之賦其謂之比者與興無異夫賦者詩之流也後世之論作賦者曰詩人之賦麗以則辭人之賦麗以淫蟲魚花鳥雜陳其中無非賦也是賦可以兼比興咏一物紀一事而意別有在亦賦此物賦此事也必欲分章斷句以爲比賦而非比興比比興而非賦恐作詩者不若是之繁瑣也且于其賦物者謂之興乃有時亦謂之賦何乃自亂其例耶體物之工無逾詩

人今悉牽合于典其于物情物態轉多拘窒不通者矣聖人之于詩期適于用作詩之人所詠在此所感在彼讀其詩者所聞在彼所感在此浸淫于肺腑肌骨之閒而莫可名狀聞男女贈答之言而感發于朝廷之事聞花鳥蟲魚之注而感發于性命之功故曰興于詩又曰不學詩無以言所謂變動不居周流六虛者于詩亦有之如必循其義例所言在此所感即在此又於其體物之工者盡牽合于他義是詩人但

能言人之情而不能言天地萬物之情而詩之爲教亦狹矣朱子不信序說辨之不遺餘力而獨于比賦興則兢兢守其繩墨若斷然不可易者何也如四始六義之說爲說詩者必不可廢則論語之言詩者未嘗及之孟子最善于詩未嘗及之子貢子夏孔子所許可與言詩者未嘗及之自漢以後有是說欲以得詩之綱領統紀轉于三百篇轇轕決裂而不免牽扭附會之病至毛公以雄雉于飛差池其羽爲興衞宣

美其衣服以悦婦人其泥亦太甚矣信乎章句之學非聖人意也

風雅分正變

或曰風雅之分正變也有之乎曰有詩之所言夫婦父子君臣昆弟朋友之事如夫婦居室爲正則淫奔爲變君明臣良爲正則簒逆爲變孔穎達云百室盈止婦子寧止安之極也厭厭夜飲不醉無歸樂之至也民莫不穀我獨何害怨之至也取彼譖人投畀豺

虎怒之甚也如我如此不如無生哀之甚也然此皆言詩非言音也大序云治世之音安以樂亂世之音怨以怒亡國之音哀以思季札觀樂曰其細已甚民弗堪也是其先亡乎或古人聆音必有得其興亡之故于語言文字之外者今已失其傳唯于其所陳之美刺求之則當據一詩而各言其孰爲正孰爲變不當以國次世次拘也可美者爲正可刺者爲變則美之者詩之正刺之者詩之變如謂其詩雖正而其音

實變夫孰從聆音而知其故也汪琬曰二南正風也然而有野有死麕可不謂之變乎十三國變風也然而栢舟之爲婦淇澳緇衣之爲君七月之陳王業之艱難可不謂之正乎鹿鳴以下二十二篇文王以下十八篇皆正雅然而常棣之弔管蔡雖謂之變可也六月以下五十八篇民勞以下十三篇皆變雅然而六月車攻崧高烝民常武諸篇皆以美宣王之中興夫既從而美之則異于圻父白駒之屬雖謂之正亦

可也余心韙其說而推言之夫黃帝使素女鼓瑟帝悲不止乃破其五十弦而爲二十五弦師曠知南風之不競螳螂捕蟬琴有殺聲山崩鐘應路逢牛鐸識其聲爲黃鐘凡此皆有聲無文可以占吉凶興亡之理天下不乏知音之人必能辨之則風雅之變在音而不在詩今必斷其卷軸以十三國爲變風以六月以下以民勞以下爲變雅而于其中稱美之詞亦文致其爲譏刺則說詩者之過也至變風之有豳風斷

不能解以爲刺則云亂極思治而以豳風終焉雖或一道其說亦牽强矣古人聆音皆見于幾先不如音而據詞以定正變如後世以唐元宗鑾輿出狩之詩占其所以中興以南唐後主春花秋月之詞爲亡國之音哀以思皆事後之論强作解事不足據也

后妃

關雎序后妃之德后君也妃夫人也盖言君與夫人之德也東漢孝明帝紀云應門失守關雎刺世因舉

古之賢君與賢夫人周人所稱則其爲文王太姒可知也先儒或以爲太姒欲得賢輔或以爲宮中之人美太姒而作要之后夫人之行不侔于天地則無以奉神靈之統而理萬物之宜則以寤寐輾轉爲太姒思得荇菜以供宗廟之祭未爲不得詩人之意也

鐘鼓亦房中之樂

北史隋文帝謂群臣曰自古天子有女樂乎楊素以下遂言無房暉遠曰臣聞窈窕淑女鐘鼓樂之此即

王者房中之樂不得言無南唐後主立小周后廷臣疑房中之樂無鐘亦舉關雎爲證

卷耳

楊慎曰予嘗愛荀子解詩卷耳云卷耳易得也頃筐易盈也而不可以貳周行深得詩人之心矣小序以爲求賢審官似戾于荀旨朱子直以爲文王朝會征伐而太姒思之是也但陟彼崔嵬下三章以爲托言亦有病婦人思夫而陟岡飲酒攜僕望砠雖曰言之

亦傷于大義矣原詩人之旨以太姒思文王之行役而云也陟岡者文王陟之也馬元黄者文王之馬也僕痡者文王之僕也金罍兕觥者冀文王酌以消憂也葢身在閨門而思在道途若後世所謂計程應説到梁州計程應説到常山耳曾與何仲默及此仲默大稱賞以爲千古之竒又語予曰宋人尚不能解唐詩以之解詩眞是枉事不若直從毛鄭可也

畫工圖雷

王仲任曰畫工圖雷纍纍如連鼓又圖一人若力士謂之雷公左手引連鼓右手推椎如擊之狀予閱五經之圖其圖罍正如此嘗謂此異狀莫覿古人不應鄙俚乃爾後見博古圖始知所謂雷者蓋鏤爲廻文以其似雷字而名也雷古雷字論衡又引禮曰刻尊爲雷形一出一入一屈一伸爲相較軫出入屈伸正似今之廻文與博古圖合豎儒目不見古器誤人多矣

桃夭

馮復京曰朱傳宗鄭義以桃夭爲婚姻之候今俗多用其說不知毛鄭二義合之則兩得離之則兩傷也爲毛說者以秋冬爲期孔子家語云霜降而婦功成嫁娶者行焉冰泮而農桑興婚始殺于此又曰冬合男女秋班時位孫卿韓嬰皆曰霜降逆女冰泮殺止董仲舒曰聖人以男女陰陽其道同類天道向冬而陰氣結向春而陰氣去故霜降而逆女冰泮而殺止

與陰俱近而陽遠也爲鄭說者以二月爲期夏小正曰二月綏多士女綏安也冠子娶婦之義也月令仲春祠高禖蓋元鳥生乳之月以爲嫁娶之候天子重之而祀焉白虎通曰嫁娶以春何也春天地始通陰陽交接之時也凡此諸書皆二家證據未易評定得失然鄭本據媒氏之文愚即請以高禖正之周禮媒氏云仲春會男女奔者不禁會女之無夫家者蓋時至仲春則農桑已興昏姻過晚故不禁奔者或無夫

家則汲汲然伺而會之若正爲婚姻之時而復不禁奔則男女必多野合者矣豈禮也哉據荀卿云霜降逆女氷泮殺止意謂二月至九月皆可婚也此近得其實矣或曰然則朱傳以此桃夭及女心傷悲殆及公子同歸倉庚于飛熠燿其羽爲婚候又何耶予按孔晷曰女心傷悲謂蠶事始起感事而出熠燿其羽喻嫁娶盛飾此篇桃夭以喻女之少壯各自有説且仲春亦可婚何害其爲感時咏事哉

漢神

韓詩章句曰遊女漢神也言漢神時見不可求而得之韓詩傳曰鄭交甫過漢皐遇二女妖服佩兩珠交甫與之言曰願請子之佩二女解佩與交甫而懷之去十步探之即亡矣回顧二女亦即亡矣張衡南都賦游女弄珠于漢皐之曲水經注方山下水曲之隈云漢女昔遊處據此則漢廣之詩祠漢神而作也漢有游女不可求思猶云心不同兮媒勞恩不甚兮輕

絕也翹翹錯薪言刈其楚刈楚以秣猶云采芳洲兮
杜若將以遺兮下女也之子于歸言神之倏來倏去
猶云入不言兮出不辭乘回風兮載雲旗也漢廣不
可泳江永不可方重疊言之猶云時不可兮驟得聊
逍遥兮容與也江漢之人佩文王之德化而不得見
文王因祠漢神以致其纏綿愛慕之意幽渺恍惚之
思蓋九章之濫觴而後人迎神送神之曲皆托始于
此想唐人猶能知其源也談理之儒必謂江漢之女

被文王之化變淫亂之俗男子嘆其昔可求而今不可求曲爲之辭者謂男子無犯禮之思女子有不可犯之色自然不相求又謂秣馬爲行親迎之禮以娶此女幾經曲折矣要〔舍〕騷賦而談詩欲爲道學不知俱墮入俗情也

父母孔邇

後漢書周磐居貧養其母儉薄不充當誦詩至汝墳之卒章慨然而嘆乃解韋帶就孝廉之舉蓋以韓詩

解父母孔邇爲父母迫饑寒之憂辭家爲禄仕故也意是汝旁之國有家貧親老之君子仕于商紂之朝知國事之日非見伐木于汝水之測者動良禽擇木之思君子謂文王也既見未見皆擬議之辭既知其終不可見故雖勞苦焦顇猶私幸得近其父母以遂其孝養之願而說詩者必以爲婦人何也

采蘩

采蘩夫人親蚕也祭義古者天子諸侯必有公桑蚕

室近川而爲之築宮仞有三尺棘牆而外閉之及大
昕之朝君皮弁素積卜三公之夫人世婦之吉者使
入蚕于蚕室奉種浴于川桑于公桑風戾以食之世
婦卒蚕奉繭以示于君遂獻繭于夫人夫人遂副褘
而受之因少牢以禮之及良日夫人繅三盆手遂布
于三宮夫人世婦之吉者使繅遂朱綠之玄黃之以
爲黼黻文章服既成君服以祀先王先公

申女

申女者申人之女也旣許嫁于酆夫家禮不備而欲
迎之女氏拒之夫家訟之于理毛傳云昏禮純帛不
過五兩鄭箋云室家不足謀媒灼之言不和六禮之
來彊委之據此蓋兩家爭訟之辭非女子自言也標
有梅女父母擇壻之詩野有死麕女父母惡無禮之
作莫不明白顯易諸儒或以爲女子自作或云詩人
探女子之心而爲言紛紛曲爲迴護以致作詩疑者
刪去野有死麕以孔子所不敢刪者而彼毅然刪之

其所由來者漸矣

羣妃御見

方回云鄭康成謂群妃御見之法女御八十一人當九夕世婦二十七人當三夕十五日而遍自望後反之苟如此則王后一月之間不過兩御于王除王后當夕獨進之外其餘則三夫人而一夕九嬪九御世婦每九人而一夕雖金石之軀不足支也况古者天子祭天地祖宗社稷山川朝日夕月爲禮不一動輒

三日齋七日戒而可以無夕不御女乎涪州羅端良謂王之六宮以象王之六寢王后之所治世婦爲后之屬實分掌之九室以象卿之九室以象卿之列九嬪之所居女御爲九嬪之屬實分處之二十七世婦者先世御女之老而無子者雖在王后六宮掌事不在于進御之列九嬪與九御五日一見王后無夕不見五日一洗沐則一嬪與其御進四十九日而九嬪九御畢見一時再見四時八見每見則十人共一夕

不如王后一月二十四日見而專其夕也此說又通于康成

馮鹿

雅翼云古稱馮之似鹿者直百金今荊楚之地其鹿絶似馮當解角時望之無辨土人謂之馮鹿是知趙高指鹿爲馮蓋以類爾

騶囿

歐陽修云名南風人美其國君順時畋于騶囿之中

蒐索害田之獸其騶囿之虞官乃翼驅五田豕以待
君之射君有仁心惟一發矢而已不盡殺也故詩之
首句言田獵之得時次言君仁而不盡殺卒嘆虞人
之得禮按月令田獵命僕及七騶咸駕則騶者馬御
也舜典益作朕虞周有山虞澤虞大田獵采山澤之
野則虞者虞人也故韓詩說云騶虞天子掌鳥獸官
賈誼新書云騶者天子之囿虞者囿之司獸者也據
諸儒之言永叔洵非臆說

七子之母

衛之淫風流行雖有七子之母猶不能安其室故美七子能盡孝道以慰其母心而成其志作凱風之詩孟子曰凱風親之過小者也如因淫風流行背其死夫棄其生子而思再嫁謂之過小可乎竊意不安其室云者或因飲食與居稍不快意年老婦人未免嚚凌詬誶七子故痛自刻責不能善其孝養以慰母耳未必因思再嫁也古者女子二十而嫁已生七子三

年乳哺至第七子成立之時母年殆將五十豈有半百老媪而欲執箕帚爲新婦者哉讀孝子之詩而誣孝子之母予心有不忍焉故立此說以俟後之君子

簡兮

余反復簡兮之詩而嘆碩人之所見淺也士君子得志則大行不得志則龍蛇遇不遇命也鴻飛冥冥弋人何慕何必以仕爲即不得已而仕抱關擊析可矣孰廹之而伶官既俛首于伶官即當安于籥翟之役

必曲折引伸以自明其所思于庸夫耳目之前誰其聽之耶卞和論云蘭生幽谷不以無人不芳玉產深山不以無工不良雕之琢之取以爲器人之樂非玉之幸也和既以玉刖矣以玉殉可也以玉隱可也必涕泣漣洏以自明其爲玉何其愚也觀此可爲詩人進一解

翟茀

翟茀以朝諸家注皆作車今按翟褕翟也茀首飾國

君夫人翟衣而嫁兹云衣錦者在塗之所服也說于
農郊說文作襚言莊姜始來更正衣服于衛近郊至
是翟茀以朝于君耳茀訓首飾見王輔嗣婦喪其茀

註

降王爲國風

孔子刪詩降王爲國風此陋儒之說也左傳襄二十
九年季札觀樂于魯已爲之歌王矣孔子至哀十一
年始自衛反魯樂正雅頌得所今按王國十篇惟黍

離似箕子麥秀之歌故以爲大夫閔周之作其他既無宴享聘問之文亦不見亡國之感則不還因其地所采之詩故冠之以王無所謂升降也

雞鳴

朱子讀女曰雞鳴之詩曰此詩意思甚好讀之有不

知使人手舞足蹈者諸儒所解亦甚多寃未得此詩

之妙在何處竊意此士乃樂天知命而能化及閨房者也人惟功名富貴之念縶于中則夙興夜寐忽然而慷慨自許忽焉而潦倒自傷凡琴瑟尊罍衣裳弓繳無一而非導欲增悲之具妻子化之五花誥七香車時時結想于夢魂中蒿簪綦縞亦復自顧而傷懷矣故王章牛衣之泣泣其貧也所以終不免于刑戮即伯鸞之妻製隱者之服猶欲立隱之名也此士與女豈惟忘其貧亦未嘗有意于隱遇鳧雁則弋有酒

則飲御琴瑟則樂有朋友則相贈士絕無他日顯揚之語以驕其妻女亦無他日富貴之想以責其夫優游暇日樂有餘閒此惟三代太和宇宙時民間或不乏此而鄭當淫靡貪亂之世乃有此修身齊家之君子故詩人述其夫婦之私言佩諸管弦便可使感鳳翔翔而遊魚出聽也比戶盡如此士女倘所謂風動時雍者矣其所關于人心政治者豈細故哉

雞鳴與丰皆齊詩

子貢傳以雞鳴與丰皆齊詩誤入于鄭以爲齊桓公相管仲以匡天下齊人美之賦風雨公子小白適莒齊人慕之賦丰

子衿

序曰子衿刺學校廢也孔穎達曰鄭國衰亂不修學校學者分散或去或留詩三章皆陳留者責去者之辭程子曰世治則庠序之教行有法以率之不率教者有至于移屏不齒又禮義廉讓之風所漸陶父兄

朋友之義所勸督故人莫不强于進學及夫亂世上不復主其教則無以率之風俗雜亂浮偷父兄所教者趨利朋友所習者從時故人情莫不肆情廢情爲自棄之人雖有賢者欲强之于學亦豈能也故悲傷之而已

野有蔓草

韓詩外傳孔子遭齊程木子于郯傾盖而語顧子路曰取束帛以贈先生子路對曰士不中道相見孔子

乃詠野有蔓草以曉之則其爲賢人君子班荆定交之作無疑也

魏風

魏爲舜禹之故都昔舜耕于歷山陶于河濱禹菲飲食惡衣服卑宮室一帝一王儉約之化于時猶存其地境埆民貧俗儉有聖賢之遺風爲晉獻徒欲武與威以臨諸侯竟滅其地而賜畢萬魏以國小兵弱無如之何斯時魏之君子豈無如鄭所南謝翱冽其人

者傷心故國形爲咏歌今按其詩葛屨似惡晉獻之褊心不能容諸侯也汾沮洳似言畢萬雖美非我族類也園有桃所南之一礪再礪至于數十礪也陟岵蔡子英之歌七章也十畝之間淵明之歸去來也伐檀西臺痛哭也至于碩鼠則惡晉已極寧適也國不樂居此不轉瞬間而晉之公族盡矣獻公身没國乃大亂則亟亟于滅魏何爲也哉

角枕錦衾

主

正義曰葛生傳以婦人怨夫不在而言角枕錦衾則是夫之衾枕也夫之衾枕非妻得服用且若得服用則終常見之又不得見其衾枕始恨獨旦知其衾枕是有故乃設非常服也家人之大事也不過祭祀故知衾枕齋乃用之故云齋則角枕錦衾夫在之時用此以齋今夫既不在妻將攝祭其身既齋因出夫之齋服故覩之而思夫也傳已自明已意以禮夫不在斂枕篋衾席韣而藏之此無故不出夫衾枕明是齋

時所用是以齋則出角枕錦衾也朱子盡去此說則顧衾枕而思夫竟是蕩子行不歸空牀難獨守之意似非詩人温厚之旨也

駟鐵

黃幼玄曰襄公既驅犬戎遂有西周之地于是觀藪澤于中原漆沮之間此駟鐵所由作也夫秦受岐豐八百里之地不聞咨訪遺老講求政教而唯田獵是務所同行者公之媚子也所從禽者獵狗也以鸞車

而載田犬所尚可知矣不獨此也鼓瑟鼓簧而云並坐則猶然酋長雜處之習蓋先王之禮樂至此而蕩然矣觀被髮于伊川知百年而爲戎可勝嘆哉

秦人不用周禮

蒹葭之詩序以爲秦不能用周禮致知周禮之人遥遥在水一方而不知訪求此所謂天地閉賢人隱之時乎徐筆洞曰蒹葭蒼蒼白露爲霜喻秦家肅殺景象也是時先有避秦者秋水篇其桃源記耶

秦之士賤

馮復京云無餘不飽簡褻極矣猶徘徊嘆息而咏權輿是彈鋏而歌之陋習也秦之士賤良然厥後鞅任而法苛儀相而約亂雎修睢眦澤始呻吟其用秦者皆非士也詩歌權輿吾于其來秦也悲其遇而猶于其去秦也信其賢

汚澤

魏黄初中有鵜鶘鳥集靈芝池詔曰此詩人所謂汚

澤也曹詩刺恭公遠君子而近小人今豈有賢智之士處于下位乎否則斯鳥何爲而至其博舉天下儁德茂才獨行君子以荅曹人之刺據此則馬端臨所云魏晉有左氏國語孟子書出學者捨三家詩而從毛氏此其淵源深矣惟朱子力辨之

豳

豳風七月之詩化工肖物上下與天地同流後之君子莫能贊一詞矣晦翁取王氏之言曰仰觀日星霜

露之變俯察昆蟲草木之化以知天時以授民事女
服事乎內男服事乎外上以誠愛下下以忠利上父
父子子夫夫婦婦養老而慈幼食力而助弱其祭祀
也時其燕饗也節此七月之義也詩弋曰鳥語虫吟
草榮木實四時成歲此邠之五行志也衣桑食稻敬
老慈幼室家敦和此邠之禮樂譜也染人氷人狩獵
祭饗邦國秉禮此邠之憲章錄也周公制禮作樂實
本于此董子曰舉顯忠孝表異慈愛所以奉天本也

墾草殖穀開闢以足民衣食所以奉地本也明教化感以禮樂所以奉人本也按莊元年公羊傳說築王姬之館云于群公子之舍則以卑矣是諸侯之女亦稱公子也詩所云公子同歸者卿之女公子躬率其民同時出同時歸也兕觥罰爵也此無過可罰而云稱彼故知舉之以誓戒衆使之不違禮

東山之四章

楊慎曰東山詩燿燿之訓爲螢火久矣今詩疑他章

有倉庚于飛燿燿其羽遂以燿燿爲明貌而以宵行爲螢火固哉其爲詩也古人用字有虛有實燿燿之爲螢火實也燿燿爲倉庚之羽虛也有一明證可以決其疑小雅交交桑扈有鶯其領與此句法相似此言桑扈之領如鶯之文非謂鶯即桑扈也彼謂倉庚之羽如燿燿之明非謂燿燿即倉庚也詩無達詁易無達象春秋無達例可爲知者道耳

四牡采薇出車杕杜

徐元扈曰四牡采薇出車杕杜皆君上之言也然上之勞下而但曰使臣在外如何勤勞憂若如何奉公忘私則下之情未必能盡而其文亦索然無味矣今勞其人而反托爲其人之言俱道其明發之懷仳離之恨歲月之久往來之艱思望之勤旋歸之樂甚而曰將母來諗又甚而曰莫如我哀一時臣下之隱衷伏處畢達于黼坐之前而惻然推赤心以置人腹盛世君民一體至于如此想其至誠所動眞足使人感

脛碎首而不悔文章之用乃能動天地而感鬼神者
凡以此也即此可見詩中托詞用意有入神之妙如
此諸詩比于正言直述巧拙之數豈不相去十倍所
以風人之言大都托言以見志如美正刺淫間或摹
畫其詞以爲懲勸皆不必正爲其人言之也且雅之
體視國風爲嚴王者勞下尚托爲其下之言以擬議
情事感動人心而國風諸詩獨斷以本文爲正如行
露氓著之類皆以爲前人所自作拘之甚矣如四牡

杖杜無禮經及左國明文可據其不定爲父役而怨
其上者乎毛鄭諸儒雖百口其何辨哉

伐木

伐木之詩疑春社祀勾龍而作也周禮司烜氏以木
鐸修火禁及改火之候則伐木以取榆柳而暖谷春
田正鳥將出谷之時故以伐木鳥鳴爲咏祭賽之後
繼以燕樂諸父諸舅兄弟朋友皆在焉桑柘影斜春
社散家家扶得醉人歸寫盛世之風俗禮讓藹然是

以感後之君子也漢宣帝五鳳二年詔曰夫婚姻之禮人倫之大者也酒食之會所以行禮樂也今郡國二千石或擅爲苛禁禁民嫁娶不得具酒食相賀名由是廢鄉黨之禮令民無所樂非所以導民也詩不云乎民之失德乾餱以愆勿行苛政故飲食燕樂三百篇屢言之所以通民之情使達其和樂之氣以彌災疫而名嘉祥非細故也聽雨紀談曰鄭康成訓沽爲榷沽之沽毛氏傳謂一宿酒曰沽蓋三代無沽酒

者至漢武帝時方有榷酤似以一宿酒爲是

菁菁者莪

菁菁者莪序主于育材自毛萇以下迄唐宋諸儒無異説紫陽改爲燕飲賓客之詩不可從也荀子曰傳曰君者舟也庶人者水也水則載舟水則覆舟故操舟得人則逸而安否則入水必溺矣此語特奇

生芻壹束

東漢徐穉嘗爲太尉黄瓊所辟不就及瓊卒歸葬穉

乃負糧徒步到江夏赴之設鷄酒薄祭哭畢而去不告姓名時會者四方名士郭林宗等數十人聞之疑其穉也乃選能言語生茅容輕騎追之及于塗容爲設飲共言稼穡之事臨訣去謂容曰爲我謝郭林宗大樹將顛非一繩所維何爲栖栖不遑寧處及林宗有母憂穉往弔之置生芻壹束于廬前而去衆怪不知其故林宗曰此必南州高士徐孺子也詩不云乎生芻壹束其人如玉吾何德以堪之據此則此詩之

爲刺宣王不能留賢者之去允矣所謂大樹將顛非一繩所維也

社

馮復京曰大社后土也鄭依孝經緯以社爲五土之總神所謂五土者山林川澤邱陵墳衍原隰也非左傳履后土之后土也左傳蔡墨云共工氏有子曰句龍爲后土后土爲社則后土是官名句龍配食于社亦稱爲社也祭社必及稷以同功均利故也稷配以

社商時又易以棄禮有大社鄭云在庫門内雉門外
之右即冢土也王社先儒或謂建于大社之西國社
侯社宜亦如之賈公彥從崔氏之説謂王社侯社在
藉田内然歷代藉田但祭先農不聞祭社也白虎通
云天子之社壇方五丈諸侯半之其主則石也其列
則社東稷西也其牲則天子太牢諸侯少牢也其祭
有三時仲春命民社孟令大割牲于公社及孝經緯
仲秋禳禾拜社稷是也大社國社有稷而王社侯社

不置稷若或爲民祈報或但祭國之土示也此外又有勝國之社市中之社若大夫之社其大者則二千五百家爲之周禮所云州社也其小則二十五家亦爲之左傳所云書社千社也又鼓人注云社祭祭地祇則大地與神州之祇俱蒙社名故中庸云郊社之禮所以事上帝也此篇首章云或耘或耔已是夏耘之事此章云以社以方鄭氏以爲秋報農夫之慶以爲大蜡勞農下文祭田祖鄭又以爲始耕之事故嚴

氏定爲明年春之事而下章爲成王省耕朱子又以
下章爲省耘予以爲一篇之詩首尾聯貫强分二年
甚爲無謂月令仲夏大雩帝乃命百縣雩祀百辟卿
士有益于民者以祈穀實凡祀五精之帝必配以五
人帝神農已配赤熛怒若句芒蓐收句龍后稷之等
舉該于百辟卿士内矣正應經文祈甘雨介黍稷之
事于義爲允不必有秋報春祈紛紛之説禮正月祈
穀于上帝不聞祈雨也

辟雍泮宮

楊愼曰辟雍泮宮非學名予于魯頌引戴埴之説而申之既詳矣近又思之説文辟雍作廦廱解云廦牆也廱天子享宴廦廱也魯詩解云騶虞文王囿名也辟雍大王宫名也以説文魯詩之解觀之則于詩鎬京辟雍于樂辟雍之意皆合矣辟雍爲天子學名泮宫爲諸侯學名自王制始有此説王制者漢文帝時曲儒之筆也而可信乎孟子曰夏曰校殷曰庠周曰

庠學則三代共之使天子之學曰辟雍爲周之制孟子固言之矣既曰辟雍而頌云于彼西雍考古圖又有胥雍則辟雍也西雍也胥雍也皆爲宫名無疑也魯頌既曰泮宫又曰泮水又曰泮林則泮宫者泮水傍之宫泮林者泮水傍之林也無疑也魯有泮水故因水名以名宫即使魯之學在水傍而名泮宫如王制之説當時天下百二十國之學豈皆在泮水之傍乎而皆名泮宫耶予又觀宋胡致堂云靈臺詩所云

於樂辟雍言鳥獸昆蟲各得其所鼓鐘虡業莫不均調于此所論之事惟鼓鐘而已于此所樂之德惟辟雍而已辟君也雍和也文王有聲所謂鎬京辟雍義亦若此而已且靈臺之詩叙池臺苑囿與民同樂故以矇瞍奏公終之胡爲勦入學校之可樂與鐘鼓喈韻而成文哉文王有聲止于繼武功作豊邑築城池建垣翰以成京師亦無緣遽及學校之役上章曰皇王維辟下章曰鎬京辟雍則知辟之爲君無疑也泮

水詩言魯侯戾止且曰于邁固宜非在國都之中且終篇意旨主于服淮夷故獻馘獻囚出師征伐皆于泮宮焉知泮宮之爲學校也特取其中匪怒伊教一句爲一篇之證則末矣王制起于漢文時其失已久後世既立太學又建辟雍若有兩太學者尤可笑也

按致堂之言與予意合而說文魯詩戴埴之論皆可迎及特俗見膠滯已久可與知者道耳

陽厰

抑詩曰相在爾室尚不愧于屋漏范王孫曰按鄭之義以陽厭爲祭末之事助祭者至此易倦故以不愧戒之考之特牲禮陰厭尊有玄酒陽厭納一尊而已陰備鼎俎陽厭俎釋三個而已則非徒在祭末而其禮亦略矣朱子云獨居于室不主祭言故迫旃瑣言云不愧屋漏猶曰不愧闇室然孔子云當室之白尊于東房是謂陽厭則屋漏非暗室矣此箋云厞隱之處蓋用儀禮厞用筵之文彼文又云佐食闔牖戶降

則室內無人故彼注云改饌爲幽闇有司徹司官闔
牖戶注云或者神欲幽闇是也非以屋漏爲闇室也
若詩取暗室之義則宜云不愧于奥不得云不愧于
屋漏欲從朱說者但謂室中雖虛尚當不愧于東北
之隅理亦自通何必指明爲暗反孔子之說乎

彼童而角

彼童而角實虹小子鄭箋云童羊譬皇后也而角者
喻與政事有所害也此人實潰亂小子之政天子未

除喪稱小子朱傳云彼謂不必修德而可以服人者是牛羊之童者而求其角也亦徒饋亂汝而已竊謂二說皆不違詩意人亦稱總角何必牛羊此只謂總角之童子潰亂而已猶云猶有童心者也

魃

山海經黄帝攻蚩尤冀州之野蚩尤請風伯雨師縱大風雨黄帝乃下天女曰魃雨止遂殺蚩尤魃不得復上所居不雨叔均言之帝後置之赤水之北所欲

逐之者令曰神北行説者魃不列祀典又歲因敍以爲常故稍秉權輒大肆慘虐爲何不爲增特祠以稍殺其焰不如禳災于賦災之鬼如揖盜而求免也加禮于不禮之神如對仇而强顔也獨不聞叢蓍神于人三日而叢亡七日而叢枯乎故宣王維號呼于昊天上帝群公先正以驅祓之所以他日于四夷之反側也務勤六月采芑江漢常武之師而必不以議和議款遺中國羞中興之業已見端于此矣

時邁

郝京曰後王巡守祭告亦通用時邁之詩故名肆夏取篇末肆于時夏語即周禮鐘師九夏之一也國語云金奏肆夏繁遏渠天子所以享元侯也吕叔玉云肆夏時邁也繁遏執競渠思文也肆遂也夏大也言遂于大位謂王位也

太王翦商

胡庭芳曰愚讀詩至太王實始翦商未嘗不慨後之

論者皆不能不以辭害意也何以言之大王蓋當祖甲之時去高宗中宗未遠也後二百有六年商始亡且武王十三年以前尚臣事商則翦商之云大王不但不出之于口亦決不萌之于心特以其有賢子聖孫有傳立之志于以望其國祚之緜洪豈有一毫覬覦之心哉議者乃謂大王有是心泰伯不從遂逃荆蠻是大王固已形之言矣夫以唐高祖尚能駭世民之言曾謂大王之賢反不逮之乎升菴曰此言是矣

但未知詩之字誤也按說文引詩作實始戩商解云
福也蓋謂受福于商而大其國爾不知後世何以改
戩作剪且說文別有翦字解云滅也以事言之大王
何嘗滅商乎改此者必漢儒以口相授音同而訛亦
許世曾見古篆文當得其實但知翦之爲戩則紛紛
之說自可息若作翦雖滄海之辨不能洗千古之惑
矣曾謂古公亶父之賢君而蓄后羿寒浞之禍心乎

玄鳥

余讀玄鳥詩傳而嘆其誣也仲春之月玄鳥至祈子于高禖契之母簡狄請子有應詩人因其事而頌之詩人之辭興深意遠若曰仲春之月禱而生子斯言爲不文矣求其說而不得從而爲之誣云玄鳥啣卵翔水間而墜簡狄取而呑之夫卵不出蓐燕不徙巢何得云啣即使啣而誤墜未必不碎尚安得取而呑之哉蓋好奇之過也後世祖其說如謂黃帝之生雷虹繞樞帝俊生十日傳說爲箕星蕭何爲昴星柳敏

爲柳星張麗華爲張星以至常娥奔月織女渡河種
種不經之談詞賦家所艷稱而儒者不道乃于玄鳥
之説則深信而著之于經何其惑也按今世俗祈子
祀張仙于二月之朏仙之象手弓而立盖取禮文帯
以弓韣之義高禖廢而仙之事舉焉則愈傳而事愈
誤矣